일상 여행 일본어

# 여행 일본어를 위한 워밍업

## 출입국

## 숙박

## 식사

## 교통

## 관광

## 쇼핑

## 방문 · 전화 · 우편

## 트러블

## 귀국

Travel Japanese

# 즉석에서 쓸 수 있는 기본 표현

여행을 할 때 그 나라 말을 조금이라도 익히고 가면 거기에서의 여행은 더욱 소중한 추억을 제공할 것입니다. 그 나라의 인사말 정도만 알아도 상대는 미소를 띠며 기꺼이 대화에 응해줄 것입니다. 우선 여행을 가기 전에 본서에 있는 짧고 간단한 표현은 반드시 암기해 두십시오. 그리고 외국에 가서 용기를 내어 외국인에게 직접 말을 걸어 보십시오. 분명히 여행은 한층 더 즐거워질 것입니다.

---

| 안녕하세요. -아침- | おはよう。<br>오하요- |
|---|---|
| 안녕하세요. -낮- | こんにちは。<br>곤니찌와 |
| 안녕하세요. -밤- | こんばんは。<br>곰방와 |
| 안녕히 가(계)세요. | さようなら。<br>사요-나라 |
| 안녕히 주무세요. | おやすみなさい。<br>오야스미나사이 |
| 내일 봅시다. | また明日。<br>마따 아시따 |
| 감사합니다. | あいがとう。<br>아리가또- |

|  |  |  |
|---|---|---|
| 예. / 아니오. | はい。 / いいえ。 | 하이 / 이-에 |
| 미안합니다. | ごめんなさい。 | 고멘나사이 |
| 천만에요. | どういたしまして。 | 도-이따시마시데 |
| 실례합니다. | 失礼します。 | 시쯔레-시마스 |
| 괜찮습니까? | 大丈夫ですか。 | 다이죠-부데스까 |
| 괜찮습니다. | 大丈夫です。 | 다이죠-부데스 |
| 일본어는 모릅니다. | 日本語はわかりません。 | 니홍고와 와까리마셍 |
| ~은 어디입니까? | ~はどこですか。 | 와 도꼬데스까 |
| 이걸 주세요. | これをください。 | 고레오 구다사이 |
| 얼마입니까? | いくらですか。 | 이꾸라데스까 |

현지에서 바로바로 활용하는
# 일상 여행 일본어

**저 자** 이국호
**발행인** 고본화
**발 행** 반석출판사
2023년 11월 15일 개정 6쇄 인쇄
2023년 11월 20일 개정 6쇄 발행
**홈페이지** www.bansok.co.kr
**이메일** bansok@bansok.co.kr
**블로그** blog.naver.com/bansokbooks

07547 서울시 강서구 양천로 583, B동 1007호
(서울시 강서구 염창동 240-21번지 우림블루나인 비즈니스센터 B동 1007호)
**대표전화** 02) 2093-3399 **팩 스** 02) 2093-3393
**출 판 부** 02) 2093-3395 **영업부** 02) 2093-3396
**등록번호** 제315-2008-000033호

Copyright ⓒ 이국호

ISBN 978-89-7172-805-5 (13730)

- 교재 관련 문의: bansok@bansok.co.kr을 이용해 주시기 바랍니다.
- 이 책에 게재된 내용의 일부 또는 전체를 무단으로 복제 및 발췌하는 것을 금합니다.
- 파본 및 잘못된 제품은 구입처에서 교환해 드립니다.

# 일상
# 여행
# 일본어

이국호 지음

**Bansok**

## 머리말

단체로 일본여행을 가면 현지 사정에 밝은 가이드가 안내와 통역을 해주기 때문에 말이 통하지 않아 생기는 불편함은 그다지 크지 않을 수 있습니다. 하지만, 일본인을 직접 만나서 대화를 하거나 물건을 구입할 때 등에는 회화가 절대적으로 필요하며, 여행지에서의 자유로운 의사소통은 한층 여행을 즐겁고 보람차게 해줄 것입니다.

이 책은 여행자의 필수휴대품이 될 수 있도록 크게 두 가지로 분류하였습니다.

여행 일본어를 위한 워밍업 : 여행지에서 빈번하게 쓸 수 있는 표현으로 일본어 문자에서 인사, 응답, 질문, 감사, 사과표현 등으로 꾸며져 있으며, 일본 여행자라면 반드시 익혀두어야 할 기본회화입니다.

장면별 회화 : 출입국부터 숙박, 식사, 교통, 관광, 쇼핑, 방문·전화·우편, 트러블, 귀국 순으로 여행자가 부딪칠 수 9가지 장면을 여행 순서에 맞게 설정하였습니다.

---

**UNIT 01**

Travel Japanese

# 기내에서

출국심사를 마치고 비행기에 탑승j하면 이제 한국 땅을 떠나게 됩니다. 국제선의 기내는 그 항공사가 소속되는 나라의 영토 취급을 합니다.

한국 출발시 외국 항공사(airline/carrier)의 편(flight)에 대해 한국인 승무원이 탑승하고 있어서 말이 통하지 않아 불편한 것은 그다지 없습니다.

---

★ **여행가이드**
여행할 때 요긴하게 쓸 수 있는 미니 여행정보

★ **필수문형**
각 장면에서 기본적으로 쓰이는 문형

★ **문형연습 단어**
필수문형에 대입하여 즉석에서 쓸 수 있는 단어

★ **Q&A**
여행자와 현지인과의 실제 주고받는 대화 형태

---

_____ 을 주세요.
_____ please.
**_____ をください。**
오 구다사이

| 커피 | coffee | **コーヒー** | 코-히- |
| 홍차 | tea | **紅茶** | 코-쨔 |
| 오렌지주스 | orange juice | **オレンジジュース** | 오렌지쥬-스 |
| 맥주 | a beer | **ビール** | 비-루 |

**Q :** (항공권을 보이며) 제 좌석은 어디인가요?
Where's my seat?
**私の席はどこでしょうか。**
와따시노 세끼와 도꼬데쇼-까

**A :** 이쪽 통로입니다.
In this aisle.
**こちらの通路です。**
고찌라노 쓰-로 데스

## 이 책의 특징

1. 일본으로 여행, 출장, 방문을 할 때 현지에서 유용하게 사용할 수 있도록 간단한 회화만을 엄선하여 사전식으로 구성하였습니다.

2. 일본어를 전혀 모르더라도 즉석에서 활용이 가능하도록 우리말을 먼저 두고 발음은 가능한 원음에 충실하여 한글로 표기하였습니다.

3. 영어는 세계 공용어로 어디서나 통할 수 있는 의사전달의 수단입니다. 일본어가 잘 되지 않을 때는 영어를 사용하는 것도 말이 통하지 않아 난처한 상황을 벗어날 수 좋은 기회입니다.

4. 각 장면별로 현지에서 필요한 여행정보를 두어 여행가이드의 역할을 충분히 할 수 있도록 하였습니다.

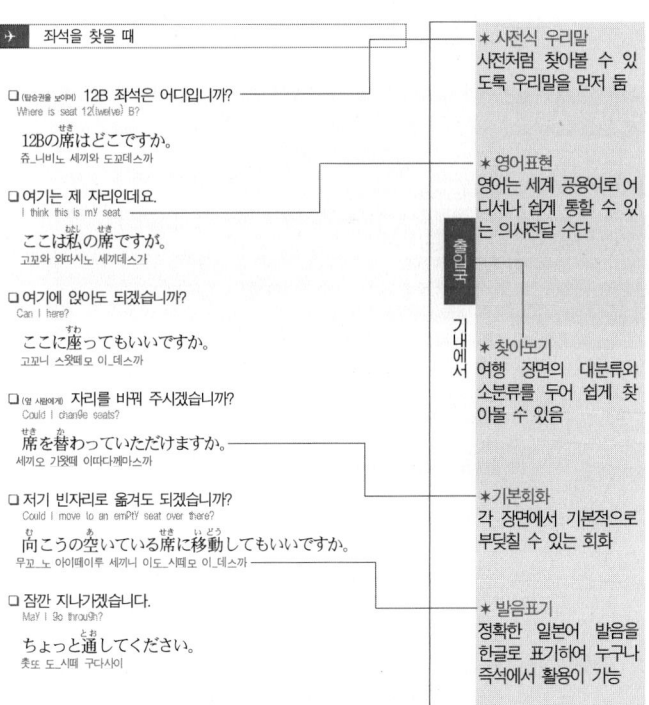

# Contents

## Part 1 여행 일본어를 위한 워밍업    17

- 01. 인사의 표현 ········· 30
- 02. 감사의 표현 ········· 32
- 03. 사과의 표현 ········· 34
- 04. 응답의 표현 ········· 36
- 05. 되물음의 표현 ········· 38
- 06. 구체적인 질문 표현 ········· 40
- 07. 장소에 관한 표현 ········· 42
- 08. 정도의 표현 ········· 44
- 09. 유무에 관한 표현 ········· 46
- 10. 의뢰에 관한 표현 ········· 48
- 11. 허락에 관한 표현 ········· 50
- 12. 긴급상황시의 표현 ········· 52

## Part 2 출입국    59

- 01. 기내에서 ········· 62
  좌석을 찾을 때 63 | 기내 서비스를 받을 때 64 | 기내식을 할 때 65
  입국카드 작성과 면세품을 구입할 때 66
  몸이 불편하거나 궁금한 사항을 물을 때 67
  페리(선박)을 이용할 때 68
- 02. 입국심사 ········· 72
  방문목적을 물을 때 73 | 체재 장소와 일정을 물을 때 73
  기타 질문 사항 74
- 03. 세관검사 ········· 76
  짐을 찾을 때 77 | 세관검사를 받을 때 78
- 04. 공항에서 ········· 80
  환전을 할 때 81 | 관광안내소에서 82 | 호텔을 찾을 때 83
- 05. 시내로 이동 ········· 84
  포터 85 | 택시 86 | 버스 87

## Part 3 숙박    89

- 01. 호텔 예약 ········· 92
  안내소에서 93 | 전화로 예약할 때 94
- 02. 호텔 체크인 ········· 98
  프런트에서 체크인할 때 99 | 체크인 트러블 103
- 03. 룸서비스 ········· 104
  룸서비스를 부탁할 때 105 | 룸서비스가 들어올 때 107

## 04. 호텔시설 이용하기 ········ 108
시설물을 물을 때 109 | 세탁 111 | 미용실에서 112
이발소에서 113

## 05. 호텔에서 전화·우편 ········ 114
전화를 이용할 때 115 | 편지를 보낼 때 117

## 06. 호텔에서의 트러블 ········ 118
방에 들어갈 수 없을 때 119 | 방을 바꿔달라고 할 때 120
수리를 원할 때 120 | 청소·비품이 없을 때 121

## 07. 체크아웃 ········ 122
체크아웃을 준비할 때 123 | 체크아웃 124 | 계산을 할 때 125

# Part 4  식 사                                                                 127

## 01. 식당 찾기·예약하기 ········ 130
식당을 찾을 때 131 | 식당 예약하기 134

## 02. 식사 주문 ········ 136
자리에 앉을 때까지 137 | 메뉴를 볼 때 138 | 주문할 때 139

## 03. 식사를 하면서 ········ 144
먹는 법·재료를 물을 때 145 | 필요한 것을 부탁할 때 145
디저트·식사를 마칠 때 146

## 04. 술집에서 ········ 148
술을 주문할 때 149 | 술을 마실 때 151

## 05. 식당에서의 트러블 ········ 152
요리가 늦게 나올 때 153 | 주문을 취소하거나 바꿀 때 154
요리에 문제가 있을 때 155

## 06. 패스트푸드점에서 ········ 156
패스트푸드를 주문할 때 157 | 주문을 마칠 때 159

## 07. 식비·술값 계산 ········ 162
지불방법을 말할 때 163 | 계산할 때 164

# Part 5  교 통                                                                 167

## 01. 길을 물을 때 ········ 170
길을 물을 때 171 | 길을 잃었을 때 174 | 길을 물어올 때 175

## 02. 택시를 이용할 때 ········ 176
택시를 잡을 때 177 | 택시를 탈 때 177 | 택시에서 내릴 때 179

## 03. 버스를 이용할 때 ········ 180
시내버스 181 | 시외버스 182 | 관광버스 183

## 04. 지하철·전철을 이용할 때 ········ 184
지하철·전철역에서 185 | 지하철·전철을 탔을 때 186

## 05. 열차를 이용할 때 ········ 188
표를 구입할 때 189 | 열차를 탈 때 190 | 열차 안에서 191

　　　　문제가 생겼을 때 193
　　06. 비행기를 이용할 때 ········· 194
　　　　항공권 예약 195 | 체크인과 탑승 196
　　07. 렌터카를 이용할 때 ········· 200
　　　　렌터카를 이용할 때 201 | 차종을 고를 때 202
　　　　렌터카 요금과 보험 203
　　08. 차를 운전할 때 ········· 204
　　　　차를 운전하면서 205 | 주유·주차할 때 206 | 차 트러블 207

## Part 6 관 광　　　　　　　　　　　　　　　　　　　　209

　　01. 관광안내소에서 ········· 212
　　　　관광안내소에서 213 | 거리·시간 등을 물을 때 215
　　　　투어를 이용할 때 216
　　02. 관광지에서 ········· 218
　　　　관광버스 안에서 219 | 관광을 하면서 220 | 기념품점에서 221
　　03. 관람을 할 때 ········· 222
　　　　입장료를 구입할 때 223 | 미술관에서 224 | 박물관에서 225
　　　　극장에서 226 | 콘서트·뮤지컬 227
　　04. 사진을 찍을 때 ········· 228
　　　　사진촬영을 허락받을 때 229 | 사진촬영을 부탁할 때 230
　　　　필름가게에서 231
　　05. 오락을 즐길 때 ········· 232
　　　　나이트클럽·디스코 233 | 가라오케에서 234 | 파친코에서 235
　　06. 스포츠를 즐길 때 ········· 236
　　　　스포츠를 관전할 때 237 | 골프·테니스 238 | 스키·크루징 239

## Part 7 쇼 핑　　　　　　　　　　　　　　　　　　　　241

　　01. 가게를 찾을 때 ········· 244
　　　　쇼핑센터를 찾을 때 245 | 가게를 찾을 때 246
　　　　가게로 가고자 할 때 247
　　02. 물건을 찾을 때 ········· 250
　　　　가게 안에서 251 | 물건을 찾을 때 251
　　　　구체적으로 찾는 물건을 말할 때 253
　　03. 물건을 고를 때 ········· 254
　　　　물건을 보고 싶을 때 255 | 색상을 고를 때 256
　　　　디자인을 고를 때 257 | 사이즈를 고를 때 258
　　　　품질에 대한 질문 259
　　04. 백화점·면세점에서 ········· 264
　　　　매장을 찾을 때 265 | 물건을 고를 때 266 | 면세점에서 267
　　05. 물건값을 계산할 때 ········· 268

가격을 물을 때 269 | 가격을 깎을 때 270
구입 결정과 지불 방법 271

## 06. 포장·배송을 원할 때 ……………………………………………… 272
포장을 부탁할 때 273 | 배달을 원할 때 274
배송을 원할 때 275

## 07. 물건에 대한 클레임 ……………………………………………… 276
구입한 물건을 교환할 때 277 | 구입한 물건을 반품할 때 278
환불·배달사고 279

# Part 8  방문·전화·우편                                                    281

## 01. 방문할 때 ………………………………………………………… 284
함께 식사하기를 권유할 때 285 | 초대에 응하거나 거절할 때 286
초대받아 방문할 때 287

## 02. 전화를 이용할 때 ………………………………………………… 288
공중전화를 이용할 때 289 | 전화를 걸 때 290 | 전화를 받을 때 291

## 03. 우편을 이용할 때 ………………………………………………… 292
우체국에서 293 | 편지를 보낼 때 294 | 소포를 보낼 때 295

# Part 9  트러블                                                            297

## 01. 말이 통하지 않을 때 ……………………………………………… 300
일본어의 이해 301 | 통역·한국어 302
일본어를 못 알아들을 때 303

## 02. 난처할 때 ………………………………………………………… 304
난처할 때 305 | 상황이 위급할 때 306

## 03. 분실·도난을 당했을 때 …………………………………………… 308
분실했을 때 309 | 도난당했을 때 310 | 경찰서에서 311

## 04. 사고를 당했을 때 ………………………………………………… 312
교통사고를 당했을 때 313 | 교통사고·교통위반을 했을 때 314
사고경위를 진술할 때 315

## 05. 몸이 아플 때 ……………………………………………………… 318
병원에 갈 때 319 | 몸에 이상이 있을 때 320
증상을 설명할 때 321 | 진료를 마치면서 323

# Part 10  귀 국                                                            325

## 01. 예약변경·예약 재확인 …………………………………………… 328
귀국편 예약 329 | 예약 재확인 330
예약의 변경과 취소를 할 때 331

## 02. 탑승과 출국 ……………………………………………………… 332
탑승수속을 할 때 333 | 수화물을 체크할 때 334 | 탑승안내 335

Travel Information

# 일본여행 준비

### ✈ 여권 만들기

여권은 외국에 여행하는 사람의 신분과 국적을 증명하는 서류로 외무부 여권과나 시청, 도청에서 발급 받는다. 일반, 외교관, 관용여권으로 구분된다. 일반여권은 복수여권, 단수여권, 거주여권으로 나뉘며 일반 관광객은 유효기간 5년의 일반 복수여권을 발급 받는다. 여권신청은 개인이 직접 하거나 여행사에서 대행해준다.

- ◇ 구비서류 : 주민등록등본 1부, 사진 3매(3개월 이내), 주민등록증 또는 운전면허증(사본이 아닌 원본), 호주의 주민등록번호
  해외여행이 처음인 30세 미만 남자 : 공항이나 부두에서 국외여행신고서 작성
  18세 이하 : 여권발급 동의서(보호자 인감도장 날인), 인감증명서(여권발급 동의용)

- ◇ 발급비용 : 5년 45,000원 / 1년 15,000원 / 연장 5,000원

- ◇ 발급소요기간 : 7일

- ◇ 유효기간 : 복수여권 5년, 단수여권 1년

- ◇ 대행기관 : 시간이 없거나 편리하게 처리하고 싶다면 준비 서류를 여행사를 통해 대행을 받으면 된다.

- ◇ 발급기관 (본인이 직접 만들 경우)
  서울 : 종로구청, 서초구청, 영등포구청, 노원구청
  지방 : 각 시청, 도청 여권과 (관용여권은 외무부 여권과)
  만 8세 미만의 경우는 성인과 같이 단독으로 여권을 만들 수도 있고, 동반자 여권을 만들 수도 있다. 동반자 여권의 경우 보호자의 여권에 함께 포함되게 된다. 그러나 동반자 여권이라 하더라도 비자는 따로 받아야 한다. 필요한 서류는 일반 여권을 만들 때와 같다.

◇ 여권 기간연장

여권의 유효기간이 3개월이 남았거나 유효기간이 지난지가 6개월 미만이라면 새로 만들지 말고 기간연장을 하면 된다. 서류는 새로 만드는 것과 같다. 비용은 5000원이 든다.

## 비자 받기

일본에 여행하고자 할 때 일본대사관이나 영사관에서 입국허가를 공식적인 문서로 허용하는 것으로 여권에 기재해 주며 외국에서는 주재국의 일본대사관에서도 발급 받을 수 있다. 비자를 발급 받았어도 입국 심사 때 입국이 거절되는 경우도 있다. 일본관광비자는 유효기간은 1년이며 한 번 입국시 15일간 체류할 수 있다.

처음 비자를 신청하는 사람들에게 1년 90일짜리 복수비자를 주는 걸로 변경이 되고, 과거에 일본을 방문한 경험이 있거나 일정한 소득이 있는 한국인은 체류기간 90일, 유효기간 5년짜리 복수비자를 받게 된다.

◇ 일반적인 필요서류
  여권(유효기간이 3개월 이상 남아있어야 함), 여권용 사진 1장(3개월 이내), 주민등록증 사본
  학생 : 재학증명서
  회사원 : 재직증명서
  개인사업자 : 사업자등록증 사본
  농수산업 종사자 : 농협·수협 조합원증명서
  무직, 휴학생, 휴직자, 기타 증명서를 제출할 수 없는 경우 : 직계가족 보증인의 직업증명서류, 보증인과 본인이 같이 나와 있는 주민등록등본이나 호적등본

◇ 주민등록 주소지에 따른 발급장소
  부산, 경남, 경북 : 부산 영사관
  제주도인 경우 : 제주 영사관
  나머지 모두 : 서울 대사관

◇ 기 타
  발급 소요기간 : 통상적으로 접수 후 이틀

접수시간 : 개인은 09 : 30 - 11 : 30, 여행사 13 : 30 - 15 : 00
유효기간 : 1년, 3년, 5년
일본 체류기간 : 90일

✧ 일본 대사관·영사관 연락처
 대사관 전화 : 02) 739 - 7400  자동응답 : 02) 736 - 6581
 일본 영사관 : 051) 465 - 5102 - 6

## 환전

출국하기 전에 미리 은행이나 공항의 환전소에서 일본 화폐(엔)로 바꾸는 게 좋다. 고액을 바꾼다면 분실시에도 안전한 여행자수표를 준비하는 게 좋고 액면가는 고액보다 소액으로 마련하는 것이 사용하기 편리하며 달러로 바꾼 후 일본에서 환전을 해도 되지만 환전수수료를 손해 본다. 여행자수표의 환전수수료가 현금보다 유리하다.

## 항공권

여행사에서 단체로 가는 경우에는 문제가 없으나 개인 출발이라면 출발 3일(72시간) 전에 반드시 예약을 재확인해야 한다. 개인 출발시 항공권의 가격은 회사별로 차이가 많이 나며 일본 전문 여행사를 이용하고 직항 노선보다 경유노선을 취항하는 항공편의 가격이 훨씬 저렴하다. 요즘은 비즈니스맨을 위하여 비즈니스호텔과 조식을 왕복 항공권에 포함한 비즈니스상품을 팔고 있는 여행사가 많다.

## 기타 준비

일본에서는 의사처방전 없이는 약국에서 항생제 등의 약을 판매하지 않으므로 비상약품은 꼭 준비해 가야 한다. 필름은 우리나라가 싸므로 공항 면세점에서 미리 구입해 가고, 1회용품(칫솔, 치약, 면도기 등)은 호텔에서는 제공되지만 만일을 위해 준비해 가는 것도 좋다. 장기간 여행객이라면 밑반찬을 밀봉된 병이나 팩에 넣어서 휴대한다.

## ✈ 일본여행 경비

### ◇ 교통비
한국과 일본을 오가는 데는 배와 비행기를 이용할 수 있다. 배편이 저렴한 편이지만, 비행기가 시간을 단축하고 왕복이면 할인을 받을 수 있다. 요금은 성수기와 비수기에 차이가 생기므로 출발 시기의 요금에 주목하자.

### ◇ 일본 국내이동 교통비
일본에서 이동하는 데 교통비는 엄청나게 비싸다. 일반적으로 일본 일주에는 기차여행이 효율적이며 JR패스나 청춘18티켓이라는 기차 할인패스가 유용하다. JR패스는 일본전역에 깔려있는 기차노선인 JR노선을 마음대로 이용할 수 있는 자유이용권이며 청춘18티켓은 일본의 방학기간에 한해 판매하고 이용할 수 있는 할인권이다. (JR패스 일주일 이용권 가격은 28,000엔)

### ◇ 숙박비
여행일수에 따라 숙박비는 달라진다. 일본에는 다양한 숙박시설이 있는데 배낭족이 이용할 만한 숙박 시설인 게스트하우스는 1박에 1,500엔~2,000엔, 유스호스텔은 2,000엔~2,500엔 수준이다. 동경민박집은 2,500엔~3,000엔 정도이다.

### ◇ 식 비
비싼 물가에 걸맞게 먹어서 없애는 돈도 만만치는 않다. 먹을 만한 음식으로는 면 종류와 밥 종류, 그리고 패스트푸드가 있다. 면 종류는 300엔~600엔 정도, 밥은 500엔~1,200엔 정도면 먹을 수 있다. 그리고 햄버거 가게는 도시에서 쉽게 눈에 띈다. 역이나 구내매점에서 도시락을 파는데 이동하면서 저렴하게 먹을 수 있어 좋다. 보통 200엔~600엔 정도면 충분하다. (체류일수가 길지 않다면 라면이나 밑반찬을 준비하는 것도 식비를 아끼는데 도움이 된다)

## 여행 준비물

PART 1

# 여행 일본어를 위한 워밍업

인사의 표현
감사의 표현
사과의 표현
응답의 표현
되물음의 표현
구체적인 질문 표현
장소에 관한 표현
정도의 표현
유무에 관한 표현
의뢰에 관한 표현
허락에 관한 표현
긴급상황시의 표현

# ※ 현대 일본어

### 1. 구어와 문어

현대 일본어는 크게 구어(口語)와 문어(文語)로 나뉜다. 구어는 일상 회화나 현대어로 쓰인 문장을 말한다. 문어는 고어(古語)로 예부터 전해오는 문장체를 말하며 현대어의 문법과는 다르고 어려운 한자를 많이 사용해 지금은 전통 시가(詩歌) 등에만 한정되어 쓰인다.

### 2. 표준어

일본에서도 지역, 계층에 관계없이 통용되는 말을 정하고 있는데, 이것을 표준어라고 한다. 일본어의 표준어는 도쿄(東京)지방의 교양 있는 사람들이 쓰는 언어로 정하고 있다.

### 3. 일본어의 구조

우리말 구조와는 달리 일본어는 「1자음+1모음」의 형식을 취하거나 「1모음」으로 구성되어 있다. 즉, 자음(子音)은 항상 모음(母音) 앞에서만 발음이 된다.

### 4. 일본어의 어휘

일본어 어휘는 순수한 일본어인 고유어 이외에, 외국에서 들어온 외래어가 있으며, 이 외래어는 カタカナ로 표기하여 고유어와 구별하고 있다. 그러나 중국에서 들어온 한자 어휘는 요즘은 거의 외래어라는 의식이 희박하여 순수 일본어처럼 쓰이고 있다.

### 5. 문법

일본어의 어순(語順)은 우리말과 비슷하여 다른 외국어에 비해 배우기가 수월하다. 일본어 문법은 우리말 문법과 마찬가지로 단수와 복수의 개념이 분명하지 않고, 성(姓)의 구별이 없으며, 경어법의 발달과 용언의 활용 등을 들을 수 있다.

## ✳ 일본어 문자

일본어 문자는 특이하게 한자(漢字), 히라가나(ひらがな), 가타카나(カタカナ)를 병용해서 사용한다. 히라가나와 가타카나를 합쳐서 「仮名文字」라고 하며 우리 한글처럼 표음문자이다.

### 1. 히라가나

> ひらがな는 한자의 일부분을 따거나 획을 간단히 하여 만들어진 문자로 헤이안(9세기경)시대 궁정귀족의 여성들에 의해 쓰인 문자로 지금은 문장을 표기할 때 일반적으로 가장 많이 쓰이는 문자이다.

### 2. 가타카나

> カタカナ는 한자의 일부분을 따거나 획을 간단히 한 문자로 헤이안 시대부터 스님들이 불경의 강독을 들을 때 그 발음을 표기하기 위해 쓰인 문자로 지금은 외래어, 전보문, 의성어 등, 어려운 한자로 표기해야 할 동식물의 명칭이나 문장에서 특별히 강조할 때도 사용한다.

### 3. 한자

> 漢字는 내각고시로 제정한 상용한자(常用漢字) 1945자를 사용하고 있다. 한자의 읽기는 음독(音読)과 훈독(訓読)이 있으며, 우리와는 달리 읽는 방법이 다양하다. 또한 일본식 약자(新字体)를 사용하기 때문에 우리가 쓰는 정자(正字)로 표기하면 안 된다.

### 4. 오십음도

> 가나문자를 행(行)과 단(段)으로 나누어 다섯 자씩 10행으로 배열한 것을 오십음도(五十音図)라고 한다.

## ✳ 히라가나・ひらがな

| あ 아 | い 이 | う 우 | え 에 | お 오 |
|---|---|---|---|---|
| か 카 | き 키 | く 쿠 | け 케 | こ 코 |
| さ 사 | し 시 | す 스 | せ 세 | そ 소 |
| た 타 | ち 치 | つ 츠 | て 테 | と 토 |
| な 나 | に 니 | ぬ 누 | ね 네 | の 노 |
| は 하 | ひ 히 | ふ 후 | へ 헤 | ほ 호 |
| ま 마 | み 미 | む 무 | め 메 | も 모 |
| や 야 |   | ゆ 유 |   | よ 요 |
| ら 라 | り 리 | る 루 | れ 레 | ろ 로 |
| わ 와 |   | ん 응 |   | を 오 |

## ✳ 카타카나 · カタカナ

| ア | イ | ウ | エ | オ |
|---|---|---|---|---|
| 아 | 이 | 우 | 에 | 오 |
| カ | キ | ク | ケ | コ |
| 카 | 키 | 쿠 | 케 | 코 |
| サ | シ | ス | セ | ソ |
| 사 | 시 | 스 | 세 | 소 |
| タ | チ | ツ | テ | ト |
| 타 | 치 | 츠 | 테 | 토 |
| ナ | ニ | ヌ | ネ | ノ |
| 나 | 니 | 누 | 네 | 노 |
| ハ | ヒ | フ | ヘ | ホ |
| 하 | 히 | 후 | 헤 | 호 |
| マ | ミ | ム | メ | モ |
| 마 | 미 | 무 | 메 | 모 |
| ヤ |  | ユ |  | ヨ |
| 야 |  | 유 |  | 요 |
| ラ | リ | ル | レ | ロ |
| 라 | 리 | 루 | 레 | 로 |
| ワ |  | ン |  | ヲ |
| 와 |  | 응 |  | 오 |

## ✱ 일본어 발음

### 1 청음・清音(せいおん)

あ行은 우리말의 「아・이・우・에・오」와 발음이 같다. 단, う는 「우」와 「으」의 중간음으로 입술을 내밀지도 당기지도 않는 자연스런 상태에서 발음한다.

| あ | い | う | え | お |
|---|---|---|---|---|
| ア | イ | ウ | エ | オ |
| 아[a] | 이[i] | 우[u] | 에[e] | 오[o] |

か行은 단어의 첫머리에 올 때는 입천장에서 나오는 강한 「가・기・구・게・고」와 비슷하며, 단어의 중간이나 끝에 올 때는 「까・끼・꾸・께・꼬」로 발음한다.

| か | き | く | け | こ |
|---|---|---|---|---|
| カ | キ | ク | ケ | コ |
| 캐[ka] | 키[ki] | 쿠[ku] | 케[ke] | 코[ko] |

さ行은 우리말의 「사・시・스・세・소」와 발음이 같다. 단, す는 「수」와 「스」의 중간음으로 입술을 내밀지도 당기지도 않는 자연스런 상태에서 발음한다.

| さ | し | す | せ | そ |
|---|---|---|---|---|
| サ | シ | ス | セ | ソ |
| 사[sa] | 시[si] | 스[su] | 세[se] | 소[so] |

た・て・と는 단어의 첫머리에 올 때는 「다・데・도」로 발음하고, 중간이나 끝에 올 때는 「따・떼・또」로 발음한다. ち・つ는 「찌・쯔」와 「

치·츠」의 중간음으로 「찌·쓰」에 가깝게 발음한다.

| た | ち | つ | て | と |
|---|---|---|---|---|
| タ | チ | ツ | テ | ト |
| 타[ta] | 치[chi] | 츠[tsu] | 테[te] | 토[to] |

な行은 우리말의 「나·니·누·네·노」와 발음이 같다.

| な | に | ぬ | ね | の |
|---|---|---|---|---|
| ナ | ニ | ヌ | ネ | ノ |
| 나[na] | 니[ni] | 누[nu] | 네[ne] | 노[no] |

は行은 우리말의 「하·히·후·헤·호」와 발음이 같다. 단 ふ는 「후」와 「흐」의 중간음으로 입술을 내밀지도 당기지도 않는 자연스런 상태에서 발음한다.

| は | ひ | ふ | へ | ほ |
|---|---|---|---|---|
| ハ | ヒ | フ | ヘ | ホ |
| 하[ha] | 히[hi] | 후[hu] | 헤[he] | 호[ho] |

ま行은 우리말의 「마·미·무·메·모」와 발음이 같다.

| ま | み | む | め | も |
|---|---|---|---|---|
| マ | ミ | ム | メ | モ |
| 마[ma] | 미[mi] | 무[mu] | 메[me] | 모[mo] |

や行은 우리말의 「야·유·요」와 발음이 같고 반모음으로 쓰인다.

| や | | ゆ | | よ |
|---|---|---|---|---|
| ヤ | | ユ | | ヨ |
| 야[ya] | | 유[yu] | | 요[yo] |

ら行은 우리말의 「라·리·루·레·로」와 발음이 같다.

| ら | り | る | れ | ろ |
|---|---|---|---|---|
| ラ | リ | ル | レ | ロ |
| 라[ra] | 리[ri] | 루[ru] | 레[re] | 로[ro] |

わ行의 わ·を는 우리말의 「와·오」와 발음이 같다. 단, を는 あ행의 お와 발음이 같지만 단어에는 쓰이지 않고 조사 「~을(를)」의 뜻으로만 쓰인다. ん은 はねる音을 참조할 것.

| わ | ん | を |
|---|---|---|
| ワ | ン | ヲ |
| 와[wa] | 응[n,m,ng] | 오[o] |

## 2 탁음·濁音(だくおん)

탁음이란 か·さ·た·は(カ·サ·タ·ハ)행의 글자 오른쪽 윗 부분에 탁점(")을 붙인 음을 말한다. だ행의 ぢ·づ는 ざ행의 じ·ず와 발음이 동일하여 현대어에서는 특별한 경우, 즉 연탁이 되는 경우 이외는 별로 쓰이지 않는다.

| が·ガ | ぎ·ギ | ぐ·グ | げ·ゲ | ご·ゴ |
|---|---|---|---|---|
| 가[ga] | 기[gi] | 구[gu] | 게[ge] | 고[go] |
| ざ·ザ | じ·ジ | ず·ズ | ぜ·ゼ | ぞ·ゾ |
| 자[za] | 지[ji] | 즈[zu] | 제[ze] | 조[zo] |
| だ·ダ | ぢ·ヂ | づ·ヅ | で·デ | ど·ド |
| 다[da] | 지[ji] | 즈[zu] | 데[de] | 도[do] |
| ば·バ | び·ビ | ぶ·ブ | べ·ベ | ぼ·ボ |
| 바[ba] | 비[bi] | 부[bu] | 베[be] | 보[bo] |

### 3 반탁음·半濁音(はんだくおん)

반탁음은 は행의 오른쪽 윗부분에 반탁점( ゜)을 붙인 것을 말한다. 반탁음은 우리말의 「ㅍ」과 「ㅃ」의 중간음으로 단어의 첫머리에 올 경우에는 「ㅍ」에 가깝게 발음하고, 단어의 중간이나 끝에 올 때는 「ㅃ」에 가깝게 발음한다.

| ぱ·パ | ぴ·ピ | ぷ·プ | ぺ·ペ | ぽ·ポ |
|---|---|---|---|---|
| 파[pa] | 피[pi] | 푸[pu] | 페[pe] | 포[po] |

### 4 요음·拗音(ようおん)

요음이란 い단 글자 중 자음 「き·し·ち·に·ひ·み·り·ぎ·じ·び·ぴ」에 작은 글자 「ゃ·ゅ·ょ」를 붙인 음을 말한다. 따라서 「ゃ·ゅ·ょ」는 우리말의 「ㅑ·ㅠ·ㅛ」 같은 역할을 한다.

| きゃ | しゃ | ちゃ | にゃ | ひゃ | みゃ | りゃ | ぎゃ | じゃ | びゃ | ぴゃ |
|---|---|---|---|---|---|---|---|---|---|---|
| キャ | シャ | チャ | ニャ | ヒャ | ミャ | リャ | ギャ | ジャ | ビャ | ピャ |
| 캬 | 샤 | 챠 | 냐 | 햐 | 먀 | 랴 | 갸 | 쟈 | 뱌 | 퍄 |
| きゅ | しゅ | ちゅ | にゅ | ひゅ | みゅ | りゅ | ぎゅ | じゅ | びゅ | ぴゅ |
| キュ | シュ | チュ | ニュ | ヒュ | ミュ | リュ | ギュ | ジュ | ビュ | ピュ |
| 큐 | 슈 | 츄 | 뉴 | 휴 | 뮤 | 류 | 규 | 쥬 | 뷰 | 퓨 |
| きょ | しょ | ちょ | にょ | ひょ | みょ | りょ | ぎょ | じょ | びょ | ぴょ |
| キョ | ショ | チョ | ニョ | ヒョ | ミョ | リョ | ギョ | ジョ | ビョ | ピョ |
| 쿄 | 쇼 | 쵸 | 뇨 | 효 | 묘 | 료 | 교 | 죠 | 뵤 | 표 |

### 5  하네루음 · はねる音(おと)

はねる音인「ん」은 단어의 첫머리에 올 수 없으며, 항상 다른 글자 뒤에 쓰여 우리말의 받침과 같은 구실을 한다. 또한 ん 다음에 오는 글자의 영향에 따라「ㄴ·ㅁ·ㅇ」으로 소리가 난다. (이것은 발음의 편의를 위한 자연스런 변화이므로 특별히 신경 쓰지 않아도 된다.)

❶「ㄴ(n)」으로 발음하는 경우

「さ·ざ·た·だ·な·ら」행의 글자 앞에서는「ㄴ」으로 발음한다.

| かんし | なんじ | はんたい | こんにち |
|---|---|---|---|
| 칸시 | 난지 | 한따이 | 곤니찌 |

❷「ㅁ(m)」으로 발음하는 경우

「ば·ぱ·ま」행의 글자 앞에서는「ㅁ」으로 발음한다.

| あんま | けんぶつ | てんぷら | きんむ |
|---|---|---|---|
| 암마 | 켐부쯔 | 템뿌라 | 킴무 |

❸「ㅇ(ng)」으로 발음하는 경우

「あ·か·が·や·わ」행의 글자 앞에서는「ㅇ」으로 발음한다. 또한, 단어의 끝에서도「ㅇ」으로 발음한다.

| れんあい | えんき | ほんや | にほん |
|---|---|---|---|
| 렝아이 | 엥끼 | 홍야 | 니홍 |

### 6  촉음 · 促音(そくおん)

촉음이란 막힌 소리의 하나로 우리말의 받침과 같은 역할을 하는 것을 말한다. つ를 작은 글자 っ로 표기하여 다른 글자 밑에서 받

침으로만 쓰인다. 이 촉음은 하나의 음절을 갖고 있으며, 뒤에 오는 글자의 영향에 따라 「ㄱ·ㅅ·ㄷ·ㅂ」으로 발음한다.

❶ 「ㄱ(k)」으로 발음하는 경우

か행의 글자 앞에서는 「ㄱ」으로 발음한다.

| けっか | そっくり | ひっこし | にっき |
|--------|---------|---------|-------|
| 겍까 | 속꾸리 | 힉꼬시 | 닉끼 |

❷ 「ㅅ(s)」으로 발음하는 경우

さ행의 글자 앞에서는 「ㅅ」으로 발음한다.

| ざっし | ぐっすり | さっそく | ほっさ |
|--------|---------|---------|-------|
| 잣시 | 굿스리 | 삿소꾸 | 홋사 |

❸ 「ㄷ(t)」으로 발음하는 경우

た행의 글자 앞에서는 「ㄷ」으로 발음한다.

| こっち | きって | おっと | むっつ |
|--------|-------|-------|-------|
| 곧찌 | 긷떼 | 옫또 | 묻쯔 |

☞ 본문에서는 「ㄷ」으로 나는 발음은 편의상 「ㅅ」으로 표기하였다.

❹ 「ㅂ(p)」으로 발음하는 경우

ぱ행의 글자 앞에서는 「ㅂ」으로 발음한다.

| いっぱい | きっぷ | しっぽ | ほっぺた |
|---------|-------|-------|---------|
| 입빠이 | 킵뿌 | 십뽀 | 홉뻬따 |

## 7 장음·長音(ちょうおん)

장음長音이란 같은 모음이 중복될 때 앞의 발음을 길게 발음하는

것을 말한다. 우리말에서는 장음의 구별이 어렵지만 일본어에서는 이것을 확실히 구분하여 쓴다. 음의 장단에 따라 그 의미가 달라지는 경우가 있으므로 주의해야 한다. 또, カタカナ에서는 장음부호를 「ー」로 표기한다. 이 책의 우리말 장음 표기에서도 편의상 「ー」로 처리하였다.

❶ あ단 글자 다음에 모음 あ가 이어질 때

| おばあさん | おかあさん | ばあい |
|---|---|---|
| 오바-상 | 오까-상 | 바-이 |

❷ い단 글자 다음에 모음 い가 이어질 때

| おじいさん | おにいさん | きいろい |
|---|---|---|
| 오지-상 | 오니-상 | 기-로이 |

❸ う단 글자 다음에 모음 う가 이어질 때

| しゅうい | くうき | ふうふ |
|---|---|---|
| 슈-이 | 쿠-끼 | 후-후 |

❹ え단 글자 다음에 모음 え나 い가 이어질 때

| おねえさん | えいが | けいざい |
|---|---|---|
| 오네-상 | 에-가 | 케-자이 |

❺ お단 글자 다음에 모음 お나 う가 이어질 때

| おとうさん | こおり | とおい |
|---|---|---|
| 오또-상 | 코-리 | 토-이 |

## ✽ 주요 신자체(新字体)   /왼쪽이 정자 오른쪽이 신자체

| | | | | | | |
|---|---|---|---|---|---|---|
| 假 ⊃ 仮 | 單 ⊃ 単 | 辯 ⊃ 弁 | 專 ⊃ 専 |
| 覺 ⊃ 覚 | 斷 ⊃ 断 | 寶 ⊃ 宝 | 戰 ⊃ 戦 |
| 擧 ⊃ 挙 | 當 ⊃ 当 | 佛 ⊃ 仏 | 錢 ⊃ 銭 |
| 檢 ⊃ 検 | 黨 ⊃ 党 | 拂 ⊃ 払 | 轉 ⊃ 転 |
| 劍 ⊃ 剣 | 對 ⊃ 対 | 澁 ⊃ 渋 | 從 ⊃ 従 |
| 經 ⊃ 経 | 臺 ⊃ 台 | 續 ⊃ 続 | 晝 ⊃ 昼 |
| 輕 ⊃ 軽 | 圖 ⊃ 図 | 實 ⊃ 実 | 遲 ⊃ 遅 |
| 繼 ⊃ 継 | 燈 ⊃ 灯 | 亞 ⊃ 亜 | 參 ⊃ 参 |
| 鷄 ⊃ 鶏 | 藥 ⊃ 薬 | 兒 ⊃ 児 | 賤 ⊃ 賎 |
| 關 ⊃ 関 | 來 ⊃ 来 | 嶽 ⊃ 岳 | 鐵 ⊃ 鉄 |
| 觀 ⊃ 観 | 兩 ⊃ 両 | 壓 ⊃ 圧 | 廳 ⊃ 庁 |
| 廣 ⊃ 広 | 歷 ⊃ 歴 | 樂 ⊃ 楽 | 體 ⊃ 体 |
| 敎 ⊃ 教 | 戀 ⊃ 恋 | 與 ⊃ 与 | 總 ⊃ 総 |
| 區 ⊃ 区 | 禮 ⊃ 礼 | 驛 ⊃ 駅 | 醉 ⊃ 酔 |
| 殿 ⊃ 殿 | 勞 ⊃ 労 | 榮 ⊃ 栄 | 齒 ⊃ 歯 |
| 國 ⊃ 国 | 綠 ⊃ 緑 | 藝 ⊃ 芸 | 寢 ⊃ 寝 |
| 勸 ⊃ 勧 | 龍 ⊃ 竜 | 譽 ⊃ 誉 | 學 ⊃ 学 |
| 氣 ⊃ 気 | 萬 ⊃ 万 | 醫 ⊃ 医 | 漢 ⊃ 漢 |
| 惱 ⊃ 悩 | 賣 ⊃ 売 | 雜 ⊃ 雑 | 歡 ⊃ 歓 |
| 腦 ⊃ 脳 | 發 ⊃ 発 | 將 ⊃ 将 | 劃 ⊃ 画 |

# UNIT 01

Travel Japanese

## 인사의 표현

우리는 아는 사람을 만났을 때 일상적으로 쓰는 말이 '안녕하세요?' 이지만, 일본어에서는 영어에서처럼 아침(おはようございます), 낮(こんにちは), 저녁(こんばんは) 인사를 구분하여 쓰고 있습니다. 친한 사이라면 아침에 만났을 때 おはよう라고만 해도 무방하며, 더욱 줄여서 オッス라고도 합니다.

[
Q: 안녕하세요.
Hi!

**こんにちは。**

곤니찌와

A: 안녕하세요.
Hello!

**こんにちは。**

곤니찌와
]

☐ 안녕하세요.
Good morning(afternoon, evening).

**おはようございます。(こんにちは、こんばんは)**
오하요- 고자이마스 (곤니찌와, 곰방와)

☐ 잘 지내셨습니까?
How are you?

**お元気ですか。**
오겡끼데스까

30

❑ 안녕하세요?
Good morning. Good afternoon. Good evening.

おはよう。こんにちは。こんばんは。
오하요-　　곤니찌와　　　곰방와

❑ 잘 지냅니다. 당신은요?
Fine thank you. And you?

元気です。あなたは?
겡끼데스 아나따와

❑ 처음 뵙겠습니다.
Nice to meet you.

はじめまして。
하지메마시떼

❑ 저 역시 만나서 반갑습니다.
Nice to meet you, too.

こちらこそ、お会いできてうれしいです。
고찌라꼬소, 오아이데끼떼 우레시-데스

❑ 안녕히 계십시오(가십시오).
Goodbye.

さようなら。
사요-나라

❑ 내일 또 만납시다.
See you tomorrow.

また、明日会いましょう。
마따, 아시따 아이마쇼-

❑ 한국에서 다시 만납시다.
See you in Korea.

韓国でまた会いましょう。
캉꼬꾸데 마따 아이마쇼-

인사의 표현

# UNIT 02 감사의 표현

일본어에서 흔히 쓰이는 감사의 표현으로 ありがとうございます가 있습니다. 친근한 사이라면 ございます를 생략하고 ありがとう만으로 표현해도 무방하며, 간편하게 말할 때는 '매우, 무척'이라는 뜻을 가진 부사어 どうも만을 쓰기도 합니다.

Q : 감사합니다.
Thank you.

**ありがとうございます。**

아리가또- 고자이마스

A : 천만에요.
You're welcome.

**どういたしまして。**

도- 이따시마시떼

□ 고마워요.
Thanks.

ありがとう。
아리가또-

□ 대단히 감사합니다.
Thank you very much.

どうもありがとうございました。
도-모 아리가또- 고자이마시다

❏ 감사드립니다.
I appreciate it.

感謝いたします。
칸샤 이따시마스

❏ 친절에 감사드립니다.
Thank you for your kindness.

ご親切にどうも。
고신세쯔니 도-모

❏ 도와 주셔서 감사드립니다.
Thank you for your help.

助けてくれてありがとうございました。
다스께떼 구레떼 아리가또- 고자이마시다

❏ 여러모로 감사드립니다.
Thank you for everything.

いろいろとありがとうございました。
이로이로또 아리가또 고자이마시다

❏ 진심으로 감사드립니다.
Heartily, thank you.

心からありがとうございました。
고꼬로까라 아리가또- 고자이마시다

❏ 신세가 많았습니다.
You were a big help.

お世話になりました。
오세와니 나리마시다

❏ 천만에요.
You're welcome.

どういたしまして。
도-이따시마시데

워밍업 감사의 표현

# UNIT 03 사과의 표현

일본어의 대표적인 사과 표현으로는 すみません과 ごめんなさい가 있습니다. 남성들은 주로 すみません이나 失礼しました로 사과를 표현하고, 여성들은 ごめんなさい를 씁니다. 더욱 정중하게 사과를 표현할 때는 申し訳ありません이라고 하며, 상대에게 용서를 구할 때는 許してください라고 하면 됩니다.

Q: 미안합니다.
I'm sorry.

**すみません。**
스미마셍

A: 괜찮습니다.
That's all right.

**いいですよ。**
이-데스요

□ 정말로 죄송합니다.
I'm really sorry.

本当にすみませんでした。
혼또-니 스미마센데시다

□ 늦어서 미안합니다.
I'm sorry I'm late

遅くなってすみません。
오소꾸 낫떼 스미마셍

- ❏ 실례합니다(실례했습니다).
  Excuse me.
  失礼しました。
  시쯔레-시마시다

- ❏ 제가 잘못했습니다.
  It's my fault.
  私が悪かったのです。
  와따시가 와루깟따노데스

- ❏ 제 잘못이 아닙니다.
  That's not my fault.
  私のせいではありません。
  와따시노 세-데와 아리마셍

- ❏ 용서하십시오.
  Please forgive me.
  許してください。
  유루시떼 구다사이

- ❏ 폐를 끼쳐드렸습니다.
  I'm sorry to trouble you.
  ご迷惑をおかけしました。
  고메-와꾸오 오카께시마시다

- ❏ 걱정하지 마십시오.
  Don't worry.
  ご心配なく。
  고심빠이나꾸

- ❏ 신경 쓰지 마십시오.
  No problem.
  気にしないでください。
  기니 시나이데 구다사이

# UNIT 04 응답의 표현

상대의 질문이나 의문에 대한 긍정의 감탄사로는 はい → ええ → うん이 있으며, 부정의 감탄사로는 いいえ → いや → ううん이 있습니다. 이것은 화살표 순으로 존경의 경중을 나타낸 것입니다. 또한 다른 사람의 말을 긍정할 때는 そうです, 부정할 때는 ちがいます라고 합니다.

---

**Q : 커피 더 드시겠습니까?**
More coffee?

コーヒー、もう一杯(いっぱい)いかがですか。

코-히-, 모- 입빠이 이까가데스까

**A : 예, 주십시오.**
Yes, please.

はい、どうも。

하이, 도-모

---

☐ 예. / 아니오.
Yes. / No.

はい。/ いいえ。

하이 / 이-에

☐ 예, 그렇습니다.
Yes, it is.

はい、そうです。

하이, 소-데스

❑ 아니오, 그렇지 않습니다.
  No, it isn't.

  いいえ、そうではありません。
  이-에, 소-데와 아리마셍

❑ 예, 고마워요.
  Yes, thank you.

  はい、ありがとう。
  하이, 아리가또-

❑ 아니오, 괜찮습니다.
  No, thank you.

  いいえ、結構です。
  이-에, 겍꼬-데스

❑ 맞습니다.
  That's right.

  そのとおりです。
  소노 도-리데스

❑ 알겠습니다.
  I understand.

  わかりました。
  와까리마시다

❑ 모르겠습니다.
  I don't know.

  わかりません。
  와까리마셍

❑ 틀림없습니다.
  That's correct.

  間違いありません。
  마치가이 아리마셍

# 되물음의 표현

일본어로 상대와 대화를 하다 보면 말이 빨라서, 혹은 모르는 단어가 있거나, 여러 가지 이유로 인해 제대로 이해하지 못할 경우가 있기 마련입니다. 따라서 모르는 말이 나왔을 때는 何と言いましたか (뭐라고 했습니까?), 다시 말해 달라고 할 때는 もう一度おっしゃってください (다시 한번 말씀해 주세요.)라고 하면 됩니다.

Q : 저도 여기는 처음입니다.
I'm new here too.

### ここは私も初めてです。
고꼬와 와따시모 하지메떼데스.

A : 예, 뭐라고요?
Pardon me?

### ええ、何と言いましたか。
에-, 난또 이-마시다까?

□ 뭐라고 하셨습니까?
What did you say?

### 何とおっしゃいましたか。
난또 옷샤이마시다까

□ 다시 한번 말씀해 주시겠습니까?
Could you say that again?

### もう一度おっしゃってくださいませんか。
모- 이찌도 옷샤떼 구다사이마셍까

- ❏ 좀더 천천히 말씀해 주십시오.
  Please speak more slowly.

  もっとゆっくり言ってください。

  못또 육꾸리 잇떼 구다사이

- ❏ 뭐라고요?
  What?

  何ですって?

  난데슷떼

- ❏ 그건 무슨 뜻입니까?
  What does it mean?

  それはどういう意味ですか。

  소레와 도-이우 이미데스까

- ❏ 이건 어떻게 발음합니까?
  How do you pronounce it?

  これはどう発音しますか。

  고레와 도- 하쯔온시마스까

- ❏ 제가 말하는 것을 알겠습니까?
  Do you understand me?

  私の言っていることがわかりますか。

  와따시노 잇떼이루 고또가 와까리마스까

- ❏ 써 주십시오.
  Write it down, please.

  書いてください。

  가이떼 구다사이

- ❏ 간단히 설명해 주세요.
  Please explain briefly.

  簡単に説明してください。

  간딴니 세쯔메-시떼 구다사이

# UNIT 06 구체적인 질문 표현

Travel Japanese

회화의 대부분은 질문과 답변으로 이루어졌다고 해도 과언이 아닙니다. 의문이나 질문을 나타내는 조사로는 か가 있으며, 그밖에 친분이나 상하, 또는 남녀에 따라 ね, わ, の, い 등이 쓰입니다. なに는 '무엇'이라는 뜻의 의문사로 뒤에 수량을 나타내는 말이 오면 '몇'이라는 뜻으로 쓰입니다.

---

**Q : 이건 무엇입니까?**
What's this?

### これは何ですか。

고레와 난데스까

**A : 한국 인스턴트 식품입니다.**
It's Korean instant foods.

### 韓国のインスタント食品です。

캉꼬꾸노 인스탄또 쇼꾸힌데스

---

☐ 이건 무엇에 쓰는 것입니까?
What's this for?

### これは何に使うのですか。
고레와 나니니 쓰까우노데스까

☐ 저 빌딩은 무엇입니까?
What's that building?

### あのビルは何ですか。
아노 비루와 난데스까

- 이름이 뭡니까?
  What's your name?
  お名前は何ですか。
  오나마에와 난데스까

- 그건 뭡니까?
  What's that?
  それは何ですか。
  소레와 난데스까

- 무얼 찾고 있습니까?
  What are you looking for?
  何をお探しですか。
  나니오 오사가시데스까

- 무슨 일을 하십니까?
  What do you do?
  お仕事は何ですか。
  오시고또와 난데스까

- 전화번호는 몇 번입니까?
  What's your phone number?
  電話番号は何番ですか。
  뎅와방고-와 남반데스까

- 이것이 무엇인지 아십니까?
  Do you know what this is?
  これは何かご存じですか。
  고레와 나니까 고존지데스까

- 지금 무엇을 하고 있습니까?
  What are you doing now?
  今、何をしていますか。
  이마, 나니오 시떼 이마스까

# UNIT 07

Travel Japanese

# 장소에 관한 표현

장소를 물을 때는 どこですか(어디입니까?), 방향을 물을 때는 どちらですか(어느 쪽입니까?), 사물을 물을 때는 どれですか(어느 것입니까?)라고 합니다. 사람을 물을 때는 だれですか(누구입니까?)라고 하고 정중하게 どなたですか(누구십니까?)라고 하면 됩니다.

> Q : 화장실은 어디입니까?
> Where's the rest room?
>
> **トイレはどこですか。**
>
> 토이레와 도꼬데스까
>
> A : 입구 근처에 있습니다.
> It's by the entrance.
>
> **入口の近くにあります。**
>
> 이리구찌노 치까꾸니 아리마스

□ 여기는 어디입니까?
Where are we?

**ここはどこですか。**
고꼬와 도꼬데스까

□ 어디에서 오셨습니까?
Where are you from?

**どこからいらっしゃいましたか。**
도꼬까라 이랏샤이마시다까

42

- 면세점은 어디에 있습니까?
  Where's the duty-free shop?
  免税店はどこですか。
  멘제-뗑와 도꼬데스까

- 입구는 어디입니까?
  Where's the entrance?
  入口はどこですか。
  이리구찌와 도꼬데스까

- 그건 어디서 살 수 있습니까?
  Where can I buy it?
  それはどこで買えますか。
  소레와 도꼬데 가에마스까

- 버스정류소는 어디입니까?
  Where's the bus stop?
  バス停はどこですか。
  바스떼-와 도꼬데스까

- 저는 이 지도의 어디에 있습니까?
  Where am I on this map?
  私はこの地図のどこにいるのですか。
  와따시와 고노 치즈노 도꼬니 이루노데스까

- 어디에서 얻을 수 있습니까?
  Where can I get it?
  どこで受け取れますか。
  도꼬데 우께또레마스까

- 어디 출신입니까?
  Where are you from?
  出身はどちらですか。
  슛싱와 도찌라데스까

위밍업 장소에 관한 표현

# UNIT 08 정도의 표현

물건값을 물을 때 쓰이는 의문사로는 いくら(얼마)가 있습니다. 수량을 물을 때는 いくつ(몇 개), 방법이나 수단을 물을 때는 どのように(어떻게), 원인이나 이유를 물을 때는 どうして(왜, 어째서), 날짜나 시간을 물을 때는 いつ(언제) 등이 있습니다. 몇 가지 표현을 익혀두면 여러 장면에서 많은 도움이 될 것입니다.

---

**Q : 얼마입니까?**
How much is it?

### いくらですか。

이꾸라데스까

**A : 13,000엔입니다.**
It's Yen 13,000.

### 一万三千円です。

이찌만 산젠엔데스

---

□ **입장료는 얼마입니까?**
How much is it to get in?

入場料はいくらですか。
뉴-죠-료-와 이꾸라데스까

□ **공항까지 얼마입니까?**
How much is it to the airport?

空港までいくらですか。
쿠-꼬-마데 이꾸라데스까

- ❏ 이 넥타이는 얼마입니까?
  How much is this tie?

  このネクタイはいくらですか。
  고노 네꾸따이와 이꾸라데스까

- ❏ 얼마입니까?
  How much does it cost?

  いくらですか。
  이꾸라 데스까

- ❏ 박물관까지 얼마나 됩니까? (거리)
  How far is it to the museum?

  博物館までどのくらいありますか。
  하꾸부쯔깜마데 도노쿠라이 아리마스까

- ❏ 역까지 얼마나 걸립니까?
  How long does it take to the station?

  駅までどのくらいかかりますか。
  에끼마데 도노쿠라이 가까리마스까

- ❏ 자리는 몇 개 비어 있습니까?
  How many seats are available?

  席はいくつ空いていますか。
  세끼와 이꾸쯔 아이떼 이마스까

- ❏ 몇 살입니까?
  How old are you?

  おいくつですか。
  오이꾸쯔데스까

- ❏ 몇 분이십니까?
  For how many people, please.

  何名様ですか。
  남메-사마데스까

워밍업 정도의 표현

# UNIT 09 유무에 관한 표현

해외여행의 여러 장면에서 이 질문을 할 경우가 많습니다. ~はあります까는 사물의 존재 여부를 물을 때 쓰며, ~います까는 생물의 존재 여부를 물을 때 씁니다. 백화점이나 레스토랑 등에서 자신이 갖고 싶은 것, 사고 싶은 것, 먹고 싶은 것이 있는지 없는지를 물은 데 편리한 표현입니다.

> Q: 필름은 있습니까?
> Do you have any film?
>
> **フィルムはありますか。**
>
> 휘루무와 아리마스까
>
> A: 네. 여기 있습니다.
> Yes. right here.
>
> **はい。ここにございます。**
>
> 하이. 고꼬니 고자이마스

❏ 2인석은 있습니까?
Do you have a table for two?

二人分の席はありますか。
후따리분노 세끼와 아리마스까

❏ 오늘 밤, 빈방은 있습니까?
Do you have a room for tonight?

今晩、空き部屋はありますか。
곰방, 아끼베야와 아리마스까

❑ 좀더 큰 것은 있습니까?
　Do you have a larger one?

　もっと大きいのはありますか。
　못또 오-끼-노와 아리마스까

❑ 흰색 셔츠는 있습니까?
　Do you have any shirt in white?

　白いシャツはありますか。
　시로이 샤쓰와 아리마스까

❑ 관광지도는 있습니까?
　Do you have a sightseeing map?

　観光地図はありますか。
　캉꼬-치즈와 아리마스까

❑ 야간관광은 있나요?
　Do you have a night tour?

　ナイトツアーはありますか。
　나이또쓰아-와 아리마스까

❑ 공중전화는 있나요?
　Do you have a payphone?

　公衆電話はありますか。
　코-슈-뎅와 아리마스까

❑ 단체할인은 있습니까?
　Do you have a group discount?

　団体割引はありますか。
　단따이와리비끼와 아리마스까

❑ 네, 여기 있습니다.
　Yes. right here.

　はい。ここにございます。
　하이 고꼬니 고자이마스

워밍업　유무에 관한 표현

# UNIT 10

## 의뢰에 관한 표현

특히 부탁이나 의뢰를 거절할 때는 상대의 마음을 배려해야 하므로 일정한 기술이 필요합니다. 쾌히 승낙할 때는 いいですとも나 喜んで를 사용하며, 거절할 때는 ごめんなさい를 쓰며, 상대를 배려하여 残念ですが라고 말을 꺼낸 뒤 거절을 하는 이유를 설명하면 됩니다.

---

Q: 마실 것은 무얼로 하시겠습니까?
What would you like to drink?

**お飲み物は何にしますか。**

오노미모노와 나니니 시마스까

A: 커피 주세요.
Coffee, please.

**コーヒーをお願いします。**

코-히-오 오네가이시마스

---

❏ 계산을 부탁합니다.
Check, please.

**お勘定をお願いします。**
오깐죠-오 오네가이시마스

❏ 도와주시겠습니까?
Can you help me?

**助けていただけますか。**
다스께떼 이따다께마스까

- 부탁이 있는데요.
  Could you. do me a favor?

  お願いがあるんですが。
  오네가이가 아룬데스가

- 이걸 하나 주세요.
  Can I have a this one?

  これを一つください。
  고레오 히또쯔 구다사이

- 지금 어디에 있는지 가르쳐 주세요.
  Could you show me where I am now?

  今どこにいるか教えてください。
  이마 도꼬니 이루까 오시에떼 구다사이

- 주문 부탁합니다.
  Order, please.

  ご注文、お願いします。
  고츄-몽, 오네가이시마스

- 맥주를 주시겠어요?
  Can I have a beer?

  ビールをくれますか。
  비-루오 구레마스까

- 이걸 주세요.
  I'll take it.

  これをください。
  고레오 구다사이

- 주문 부탁합니다.
  Order, please.

  オーダーをお願いします。
  오-다-오 오네가이시마스

# UNIT 11 — 허락에 관한 표현

상대에게 실례가 되는 행동을 하기 전에 먼저 양해를 얻어 행하는 것이 도리입니다. 먼저 양해나 허락을 구하기 전에 失礼ですが·すみませんが 등으로 서두를 꺼낸 다음 말을 이어가도록 합시다. 일본어에서 양해나 허락을 구하는 대표적인 표현으로는 …てもいいですか 또는 …てもかまいませんか가 있습니다.

---

**Q : 사진을 찍어도 됩니까?**
May I take a picture here?

**写真を撮ってもいいですか。**
샤싱오 돗떼모 이-데스까

**A : 예, 괜찮습니다.**
Yes, you may.

**はい、かまいません。**
하이, 가마이마셍

---

□ 여기에 앉아도 됩니까?
May I sit here?
**ここに座ってもいいですか。**
고꼬니 스왓떼모 이-데스까

□ 안으로 들어가도 되겠습니까?
May I come in?
**中に入ってもいいですか。**
나까니 하잇떼모 이-데스까

❑ 여기서 담배를 피워도 됩니까?
   May I smoke here?

   ここでタバコを吸ってもいいですか。
   고꼬데 다바꼬오 슷떼모 이-데스까

❑ 창문을 열어도 되겠습니까?
   May I open the window?

   窓を開けてもいいですか。
   마도오 아께떼모 이-데스까

❑ 잠깐 여쭤도 될까요?
   May I ask you something?

   ちょっとうかがってもいいですか。
   촛또 우까갓떼모 이-데스까

❑ 방을 봐도 되겠습니까?
   Can I see the room?

   部屋を見てもいいですか。
   헤야오 미떼모 이-데스까

❑ 이것을 가져가도 됩니까?
   Can I take this?

   これを持ってきてもいいですか。
   고레오 못떼기떼모 이-데스까

❑ 카드로 지불해도 됩니까?
   Can I pay in credit card?

   カードで支払ってもいいですか。
   카-도데 시하랏떼모 이-데스까

❑ 담배를 피워도 괜찮겠습니까?
   May I smoke?

   タバコを吸ってもかまいませんか。
   다바꼬오 슷떼모 가마이마셍까

UNIT 12

*Travel Japanese*

# 긴급상황시의 표현

여행지에서 곤란한 상황에 부딪치거나 하면 우선 옆에 있는 사람에게 곤란한 상황을 전하도록 합시다. 그러면 해결의 실마리를 찾을 수 있을 겁니다.
여기에 적힌 회화 예문은 가장 필요한 것만을 모은 것으로, 가능하면 모두 암기해서 여행을 떠나도록 합시다.

Q : 급합니다.
I'm in a hurry.

急いでいるんです。

이소이데 이룬데스

A : 최선을 다하겠습니다.
I'll do my best.

できるだけのことはします。

데끼루다께노 고또와 시마스

❏ 긴급사태입니다.
I have an emergency.

緊急事態なんです。

깅뀨-지따이난데스

❏ 도와줘요(살려줘요)!
Help! / Help me!

助けて!

다스께떼

❏ 그만둬!
Stop it!

やめて!
야메떼

❏ 도둑이야, 서!
Stop, thief!

どろぼう、止まれ!
도로보-, 도마레

❏ 저 사람, 잡아요!
Get him!

あの人を捕まえて!
아노 히또오 쓰까마에떼

❏ 경찰을 불러요!
Call the police!

警察を呼んで!
케-사쯔오 욘데

❏ 움직이지 마!
Hold it!

動くな!
우고꾸나

❏ 손들어!
Hands up!

手をあげろ!
테오 아게로

❏ 여기서 나가!
Get out of here!

ここから出て行け!
고꼬까라 데떼 이께

## 사물·장소·방향을 나타내는 단어

| | |
|---|---|
| 이것 | これ [고레] |
| 그것 | それ [소레] |
| 저것 | あれ [아레] |
| 어느 것 | どれ [도레] |
| 여기 | ここ [고꼬] |
| 거기 | そこ [소꼬] |
| 저기 | あそこ [아소꼬] |
| 어디 | どこ [도꼬] |
| 이쪽 | こちら・こっち [고찌라・곳찌] |
| 그쪽 | そちら・そっち [소찌라・솟찌] |
| 저쪽 | あちら・あっち [아찌라・앗찌] |
| 어느 쪽 | どちら・どっち [도찌라・돗찌] |

## 사람을 가리킬 때 쓰이는 단어

| | |
|---|---|
| 저 | 私(わたくし) [와따꾸시] |
| 저, 나 | 私(わたし) [와따시] |
| 나(남자) | 僕(ぼく) [보꾸] |
| 나(거만한 표현) | 俺(おれ) [오레] |
| 당신 | あなた [아나따] |
| 자네, 너 | 君(きみ) [기미] |
| 너 | お前(まえ) [오마에] |
| 씨, 양 | さん [상] |
| 이분 | この方(かた) [고노카따] |
| 그분 | その方(かた) [소노카따] |
| 저분 | あの方(かた) [아노카따] |
| 어느 분 | どの方(かた) [도노카따] |
| 누구 | 誰(だれ) [다레] |
| 어느 분 | どなた [도나따] |
| 그, 그이 | 彼(かれ) [가레] |
| 그녀 | 彼女(かのじょ) [가노죠] |

## 방향을 나타내는 단어

|  |  |
|---|---|
| 위 | 上(うえ) [우에] |
| 가운데 | 中(なか) [나까] |
| 아래 | 下(した) [시따] |
| 오른쪽 | 右(みぎ) [미기] |
| 왼쪽 | 左(ひだり) [히다리] |
| 동쪽 | 東(ひがし) [히가시] |
| 서쪽 | 西(にし) [니시] |
| 남쪽 | 南(みなみ) [미나미] |
| 북쪽 | 北(きた) [기따] |
| 앞 | 前(まえ) [마에] |
| 뒤 | 後(うし)ろ [우시로] |
| 옆·가로 | 横(よこ) [요꼬] |

## 때를 나타내는 단어

|  |  |
|---|---|
| 그제 | 一昨日(おととい) [오또또이] |
| 어제 | 昨日(きのう) [키노-] |
| 오늘 | 今日(きょう) [쿄-] |
| 내일 | 明日(あした) [아시따] |
| 모레 | 明後日(あさって) [아삿떼] |
| 매일 | 毎日(まいにち) [마이니찌] |
| 지난주 | 先週(せんしゅう) [센슈-] |
| 금주 | 今週(こんしゅう) [콘슈-] |
| 다음주 | 来週(らいしゅう) [라이슈-] |
| 매주 | 毎週(まいしゅう) [마이슈-] |
| 지난달 | 先月(せんげつ) [셍게쯔] |
| 이번달 | 今月(こんげつ) [콩게쯔] |
| 다음달 | 来月(らいげつ) [라이게쯔] |
| 매월 | 毎月(まいげつ) [마이게쯔] |
| 작년 | 去年(きょねん) [쿄넹] |
| 금년 | 今年(ことし) [코또시] |
| 내년 | 来年(らいねん) [라이넹] |
| 매년 | 毎年(まいねん) [마이넹] |

## 월을 나타내는 단어

| | |
|---|---|
| 1월 | 一月(いちがつ) 〔이찌가쯔〕 |
| 2월 | 二月(にがつ) 〔니가쯔〕 |
| 3월 | 三月(さんがつ) 〔상가쯔〕 |
| 4월 | 四月(しがつ) 〔시가쯔〕 |
| 5월 | 五月(ごがつ) 〔고가쯔〕 |
| 6월 | 六月(ろくがつ) 〔로꾸가쯔〕 |
| 7월 | 七月(しちがつ) 〔시찌가쯔〕 |
| 8월 | 八月(はちがつ) 〔하찌가쯔〕 |
| 9월 | 九月(くがつ) 〔쿠가쯔〕 |
| 10월 | 十月(じゅうがつ) 〔쥬-가쯔〕 |
| 11월 | 十一月(じゅういちがつ) 〔쥬-이찌가쯔〕 |
| 12월 | 十二月(じゅうにがつ) 〔쥬-니가쯔〕 |

## 요일을 나타내는 단어

| | |
|---|---|
| 일요일 | 日曜日(にちようび) 〔니찌요-비〕 |
| 월요일 | 月曜日(げつようび) 〔게쯔요-비〕 |
| 화요일 | 火曜日(かようび) 〔카요-비〕 |
| 수요일 | 水曜日(すいようび) 〔스이요-비〕 |
| 목요일 | 木曜日(もくようび) 〔모꾸요-비〕 |
| 금요일 | 金曜日(きんようび) 〔킹요-비〕 |
| 토요일 | 土曜日(どようび) 〔도요-비〕 |

## 고유어 숫자

| | |
|---|---|
| 하나 | 一(ひと)つ 〔히또쯔〕 |
| 둘 | 二(ふた)つ 〔후따쯔〕 |
| 셋 | 三(みっ)つ 〔밋쯔〕 |
| 넷 | 四(よっ)つ 〔욧쯔〕 |
| 다섯 | 五(いつ)つ 〔이쯔쯔〕 |
| 여섯 | 六(むっ)つ 〔뭇쯔〕 |
| 일곱 | 七(なな)つ 〔나나쯔〕 |
| 여덟 | 八(やっ)つ 〔얏쯔〕 |
| 아홉 | 九(ここの)つ 〔고꼬노쯔〕 |
| 열 | 十(とお) 〔도-〕 |
| 몇 개 | いくつ 〔이꾸쯔〕 |

## 숫자읽기

| | | |
|---|---|---|
| 1. 일 | 一(いち) | [이찌] |
| 2. 이 | 二(に) | [니] |
| 3. 삼 | 三(さん) | [상] |
| 4. 사 | 四(し・よん) | [시・용] |
| 5. 오 | 五(ご) | [고] |
| 6. 육 | 六(ろく) | [로꾸] |
| 7. 칠 | 七(しち・なな) | [시찌・나나] |
| 8. 팔 | 八(はち) | [하찌] |
| 9. 구 | 九(きゅう・く) | [큐-・쿠] |
| 10. 십 | 十(じゅう) | [쥬-] |
| 20. 이십 | 二十(にじゅう) | [니쥬-] |
| 30. 삼십 | 三十(さんじゅう) | [산쥬-] |
| 40. 사십 | 四十(よんじゅう) | [욘쥬-] |
| 50. 오십 | 五十(ごじゅう) | [고쥬-] |
| 60. 육십 | 六十(ろくじゅう) | [로꾸쥬-] |
| 70. 칠십 | 七十(ななじゅう) | [나나쥬-] |
| 80. 팔십 | 八十(はちじゅう) | [하찌쥬-] |
| 90. 구십 | 九十(きゅうじゅう) | [큐-쥬-] |
| 100. 백 | 百(ひゃく) | [햐꾸] |
| 200. 이백 | 二百(にひゃく) | [니햐꾸] |
| 300. 삼백 | 三百(さんびゃく) | [삼뱌꾸] |
| 400. 사백 | 四百(よんひゃく) | [용햐꾸] |
| 500. 오백 | 五百(ごひゃく) | [고햐꾸] |
| 600. 육백 | 六百(ろっぴゃく) | [롭빠꾸] |
| 700. 칠백 | 七百(ななひゃく) | [나나햐꾸] |
| 800. 팔백 | 八百(はっぴゃく) | [합빠꾸] |
| 900. 구백 | 九百(きゅうひゃく) | [큐-햐꾸] |
| 1,000. 천 | 千(せん) | [셍] |
| 3,000. 삼천 | 三千(さんぜん) | [산젱] |
| 10,000. 만 | 一万(いちまん) | [이찌망] |
| 1,000,000. 백만 | 百万(ひゃくまん) | [햐꾸망] |

# 신 체

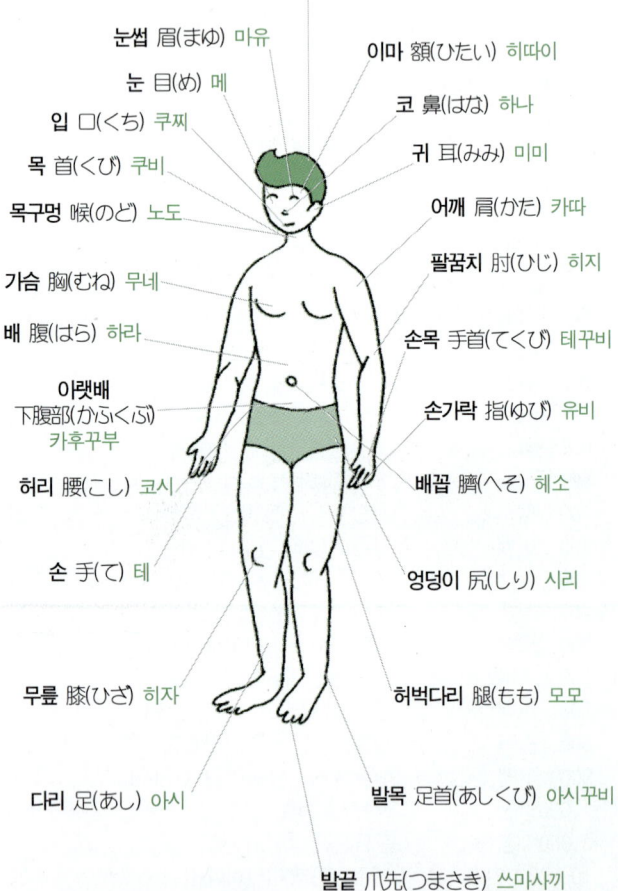

PART 2

# 출입국

기내에서
입국심사
세관검사
공항에서
시내로 이동

Travel Information

# 출입국에 관한 정보

## ✈ 입국수속

일본이나 우리나라나 출입국 절차는 거의 같다고 보면 된다. 일본의 공항에 도착하면 비행기에서 내려 공항 청사로 들어선다. 청사에 들어서면 입국 심사를 받게 된다. 입국 심사 후 수화물을 챙기고 세관을 거쳐 나오면 입국 절차는 끝난다.

## ✈ 입국심사

여러 개의 입국 심사대 중에서 외국인이라고 표시되어 있는 입국 심사대로 가서 심사관에게 비행기에서 미리 기재해둔 출입국 카드를 제출하면 일본에 온 목적, 체류기간, 여행비용, 돌아갈 비행기표, 숙소 등을 질문하고 확인하는 절차를 거치게 된다. 여행 목적은 대개 여행이라고 답하면 되고 체류기간은 15일 이내에서 적절히 말하면 입국 허가 스탬프를 찍어준다.

## ✈ 입국심사를 받을 때 주의할 점

어느 공항이든 국외에서 들어오는 경우는 마찬가지지만, 비행기 안에서 입국카드를 작성하게 된다. 일본 출입국 카드는 반드시 한자나 영어로 작성해야 하며 일본 방문의 목적을 명확하게 기록하는 것이 좋다. 특히 일본에서 첫날 묵을 호텔이나 숙박지의 주소를 정확히 기입하는 것은 필수이다. 자신이 머물 숙소를 정확히 적지 않으면 이것저것 질문이 많아질 수 있는데다 최악의 경우에는 강제출국 조치가 떨어질 수도 있다.
그리고 출입국 카드의 서명란에는 반드시 여권에 한 것과 동일한 서명을 하도록 한다. 최근에는 한국인 여행자들이 많아져서 출입국 요원도 아주 간단한 한국어는 할 줄 아는 경우도 있지만, 대개는 한국어를 모르기에 영어로 밀어붙이는 것이 좋다. 일본인들은 영어 잘하는 사람에게 친절한 경향이 있다.

## ✈ 세관검사

자신의 짐을 다 찾은 후에는 세관 카운터 앞으로 가서 직원에게 짐과 여권을 건네준다. 배낭을 든 여행자의 경우에는 대부분 그냥 통과할 수 있다. 세관 신고 때 짐을 열어보는 경우는 거의 없지만, 만약 과세 대상이 있어도 신고를 하지 않았다가 적발될 경우에는 압류를 당하거나 무거운 벌금을 물게 되므로 주의한다.

## ✈ 면세반입 한도

개인 휴대품이나 직업적인 장비는 세관원에 의해 내용이나 양이 합당하다고 간주되면 면세로 반입할 수 있다. 기타 기호품의 면세 한도는 다음과 같다.
_ 궐련 200개
_ 담배 25갑, 파이프용 담배 100g
_ 술 1병 (760cc 정도)
_ 향수 2온스
_ 시가 20만 엔을 넘지 않는 선물
_ 해외 시가 합계 5,000 달러
단 19세 이하의 여행자에게는 잎담배나 양주가 허락되지 않는다.

## ✈ 나리타공항에서 시내로 가는 방법

나리타공항은 도쿄시내와 65km 떨어져 있다. 따라서 꼭 교통편을 이용하여 도쿄 시내로 들어가야 한다. 보통 여행자가 이용하는 노선은 게이세이(京成) JR노선, 또는 게이세이 스카이라이너다. 타는 방법은 입국장에 내려 지하로 내려가면 전철을 탈 수 있는 곳이 나온다. 그곳에서 표를 사고 (보통 자판기) 도쿄 시내로 들어가면 된다.

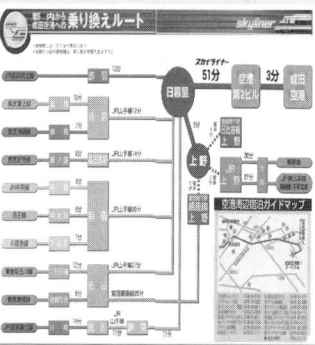

UNIT 01 | Travel Japanese

# 기내에서

출국심사를 마치고 비행기에 탑승하면 이제 한국 땅을 떠나게 됩니다. 국제선의 기내는 그 항공사가 소속하는 나라의 영토 취급을 합니다.
한국 출발의 외국 항공회사(airline/carrier)의 편(flight)에는 대개 한국인 승무원이 탑승하고 있어서 말이 통하지 않아 불편한 점은 그다지 없습니다.

[
_____ 을(를) 주세요.

_____ please.

_____ をください。
오 구다사이
]

- ☐ 커피 coffee　　コーヒー　　코-히-
- ☐ 홍차 tea　　紅茶　　코-챠
- ☐ 오렌지주스 orange juice　　オレンジジュース　오렌지쥬-스
- ☐ 맥주 a beer　　ビール　　비-루

Q: (항공권을 보이며) 제 좌석은 어디인가요?
Where's my seat?

**私の席はどこでしょうか。**

와따시노 세끼와 도꼬데쇼-까

A: 이쪽 통로입니다.
In this aisle.

**こちらの通路です。**

고찌라노 쓰-로 데스

### ✈ 좌석을 찾을 때

□ (탑승권을 보이며) 12B 좌석은 어디입니까?
Where is seat 12(twelve) B?

12Bの席はどこですか。
쥬-니비노 세끼와 도꼬데스까

□ 여기는 제 자리인데요.
I think this is my seat.

ここは私の席ですが。
고꼬와 와따시노 세끼데스가

□ 여기에 앉아도 되겠습니까?
Can I here?

ここに座ってもいいですか。
고꼬니 스왓떼모 이-데스까

□ (옆 사람에게) 자리를 바꿔 주시겠습니까?
Could I change seats?

席を替わっていただけますか。
세끼오 가왓떼 이따다께마스까

□ 저기 빈자리로 옮겨도 되겠습니까?
Could I move to an empty seat over there?

向こうの空いている席に移動してもいいですか。
무꼬-노 아이떼이루 세끼니 이도-시떼모 이-데스까

□ 잠깐 지나가겠습니다.
May I go through?

ちょっと通してください。
촛또 도-시떼 구다사이

## ✈ 기내 서비스를 받을 때

□ 음료는 뭐가 좋겠습니까?
What would you like to drink?

お飲み物は何がいいですか。
오노미모노와 나니가 이-데스까

□ 어떤 음료가 있습니까?
What kind of drinks do you have?

どんな飲み物がありますか。
돈나 노미모노가 아리마스까

□ 콜라는 있습니까?
Do you have coke?

コーラはありますか。
코-라와 아리마스까

□ 맥주를 주시겠습니까?
Can I have a beer?

ビールをいただけますか。
비-루오 이따다께마스까

□ 베개와 모포를 주세요.
May I have a pillow and a blanket, please.

枕と毛布をください。
마꾸라또 모-후오 구다사이

□ 한국어 신문(잡지)은 있습니까?
Do you have any Korean newspapers(magazines)?

韓国語の新聞(雑誌)はありますか。
캉꼬꾸고노 심붕(잣시)와 아리마스까

## ✈ 기내식을 할 때

□ 식사는 언제 나옵니까?
What time do you serve the meal?

食事はいつ出ますか。
쇼꾸지와 이쯔 데마스까

□ 소고기와 닭고기가 있는데, 어느 것으로 하시겠습니까?
Would you like beef or chicken?

牛肉と鶏肉、どちらになさいますか。
규-니꾸또 도리니꾸, 도찌라니 나사이마스까

□ 소고기로 주세요.
Beef, please.

牛肉をお願いします。
규-니꾸오 오네가이시마스

□ 식사는 필요 없습니다.
I don't feel like eating dinner.

食事は要りません。
쇼꾸지와 이리마셍

□ 식사는 다 하셨습니까?
Are you through with your meal?

食事はお済みですか。
쇼꾸지와 오스미데스까

□ 잘 먹었습니다.
I enjoyed it. Thank you.

ごちそうさま。
고찌소-사마

## ✈ 입국카드 작성과 면세품을 구입할 때

☐ **이것은 입국카드입니까?**
Is this the immigration form?

これは入国カードですか。
고레와 뉴-꼬꾸 카-도데스까

☐ **이 서류 작성법을 가르쳐 주시겠어요?**
Could you tell me how to fill in this form?

この書類の書き方を教えてください。
고노 쇼루이노 가키까따오 오시에떼 구다사이

☐ **기내에서 면세품을 판매합니까?**
Do you sell tax-free goods on the flight?

免税品を機内販売していますか。
멘제-힝오 기나이 함바이 시떼 이마스까

☐ **어떤 담배가 있습니까?**
What cigarettes do you have?

どんなタバコがありますか。
돈나 다바꼬가 아리마스까

☐ **(면세품 사진을 가리키며) 이것은 있습니까?**
Do you have this?

これはありますか。
고레와 아리마스까

☐ **한국 돈은 받습니까?**
Do you accept Korean won?

韓国ウォンは受け取りますか。
캉꼬꾸 원와 우께또리마스까

### ✈ 몸이 불편하거나 궁금한 사항을 물을 때

❏ 비행기 멀미약은 있습니까?
Do you have medicine for air-sickness?

飛行機酔いの薬はありますか。

히꼬-끼요이노 구스리와 아리마스까

❏ 좀 몸이 불편합니다. 약을 주시겠어요?
I feel a little sick. Can I have some medicine?

少し気分が悪いのです。何か薬をください。

스꼬시 기붕가 와루이노데스 낭까 구스리오 구다사이

❏ 추운(더운)데요.
I feel chilly(hot).

寒い(暑い)のですが。

사무이(아쯔이)노데스가

❏ 아까 부탁한 물이 아직 안 나왔습니다.
Excuse me, I didn't get the water I asked for.

先ほど頼んだ水がまだです。

사끼호도 다논다 미즈가 마다데스

❏ 헤드폰 상태가 안 좋습니다.
Something is wrong with the headset.

ヘッドホーンの調子が悪いです。

헷도호-ㄴ노 쵸-시가 와루이데스

❏ 비행은 예정대로입니까?
Is this flight on schedule?

フライトは時間どおりですか。

후라이또와 지깐 도-리데스까

출입국 기내에서

## ✈ 페리(선박)을 이용할 때

☐ (승선권을 보이며) 제 선실은 어딘가요?
Where is my cabin?

私の船室はどこですか。
와따시노 센시쯔와 도꼬데스까

☐ 시모노세키에는 언제 도착합니까?
When can we get to Simonoseki?

下関に着くのは何時ですか。
시모노세끼니 쓰꾸노와 난지데스까

☐ 어느 것이 제 침구입니까?
Which one is my bedclothes?

どれが私の寝具ですか。
도레가 와따시노 싱구데스까

☐ 매점은 어디에 있습니까?
Where can I buy something?

売店はどこにありますか。
바이뗑와 도꼬니 아리마스까

☐ 식당은 있습니까?
Do you have a cafeteria?

食堂はありますか。
쇼꾸도-와 아리마스까

☐ (식당에서) 한국어 메뉴는 있습니까?
Do you have a menu in Korean?

韓国語のメニューはありますか。
캉꼬꾸고노 메뉴-와 아리마스까

❏ 파도는 거칩니까?
　Are the waves running high?

　波は荒いですか。
　나미와 아라이데스까

❏ 날씨는 좋습니까?
　Is the climate good?

　天候はいいですか。
　텡꼬-와 이-데스까

❏ 뱃멀미를 하는데요.
　I'm seasick.

　船酔いにかかりました。
　후나요이니 가까리마시다

❏ (뱃멀미로) 토할 것 같습니다.
　I'm going throw up.

　吐きそうです。
　하끼소-데스

❏ 의무실로 데리고 가 주십시오.
　Please take me to the medical room.

　医務室へ連れていってください。
　이무시쯔에 쓰레떼 잇떼 구다사이

❏ 화장실은 어디에 있나요?
　Where is the rest room?

　トイレはどこですか。
　토이레와 도꼬데스까

출입국 페리(선박)에서

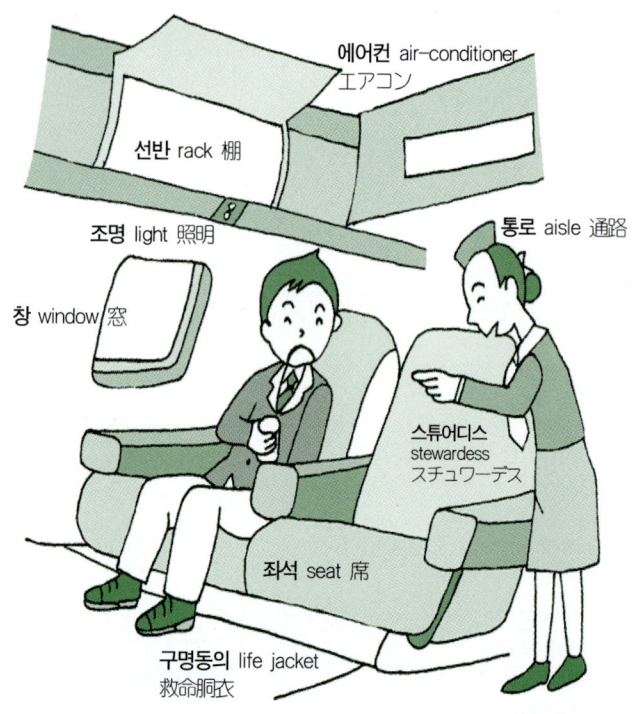

* 스튜어디스를 부를 때는
  すみません(스미마셍)이라고 부릅시다.

| 기내에서 볼 수 있는 표시 | | |
|---|---|---|
| 禁煙 | NO SMOKING | 금연 |
| シートベルト着用 | FASTEN SEAT BELT | 안전벨트 착용 |
| 使用中 | OCCUPIED | 화장실 사용중 |
| 空き | VACANT | 비어 있음 |
| 呼出ボタン | CALL BUTTON | 호출버튼 |
| 非常口 | EMERGENCY | 비상구 |
| ゴミ箱 | TOWEL DISPOSAL | 쓰레기통 |

| 입국신고서 | | |
|---|---|---|
| 씨명 | Name | 氏名 |
| 성 | Family name | 氏 |
| 이름 | Given name | 名 |
| 국적 | Nationalty | 国籍 |
| 생년월일 | Day, Month, Year | 生年月日 |
| 남, 여 | Male, Female | 男, 女 |
| 현주소 | Home address | 住所 |
| 직업 | Occupation | 職業 |
| 일본의 연락처 | Address in Japan | 日本の連絡先 |
| 여권번호 | Passport No. | 旅券番号 |
| 항공기 편명·선명 | Flight No./Vessel | 航空機便名・船名 |
| 탑승지 | Fort of Embarkation | 乗機地 |
| 여행목적 | Purpose of visit | 渡航目的 |
| 서명 | Signature | 署名 |
| 일본체재예정기간 | Entered Length of stay in Japan | 日本滞在予定期間 |

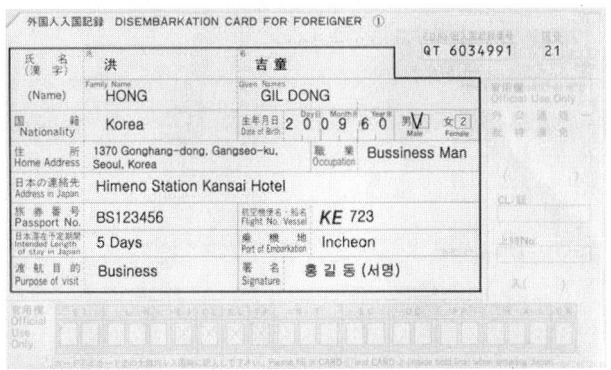

# UNIT 02 입국심사

Travel Japanese

外国人이라고 표시한 곳에 줄을 서서 여권과 출입국신고서를 제출하면 입국심사에서는 여권·비자의 유효기간을 검사하고 입국목적, 체재기간 등을 묻습니다. 미리 출입국신고서에 방문목적, 체재기간, 묵을 곳의 주소, 이름, 전화 등을 정확히 기재하면 별도의 질문을 받지 않아도 됩니다.

[
약 _____ 입니다.
For _____
約<sup>やく</sup> _____ です。
아꾸 / 데스
]

- 1주일 — one week — **一週間** — 잇슈-깡
- 10일 — ten days — **十日** — 도-까
- 15일 — fifteen days — **十五日** — 쥬-고니찌
- 1개월 — one month — **一ヶ月** — 익까게쯔

Q: 여권을 보여 주시겠어요?
May I see your passport?

### パスポートを拝見<sup>はいけん</sup>します。

파스뽀-또오 하이껜시마스

A: 여기 있습니다.
Here it is.

### はい、どうぞ。

하이, 도-조

### ✈ 방문목적을 물을 때

☐ 여권을 보여 주십시오.
Your passport, please.

# パスポートを見せてください。
파스뽀-또오 미세떼 구다사이

☐ 입국 목적은 무엇입니까?
What's the purpose of your visit?

# 入国の目的は何ですか。
뉴꼬꾸노 목떼끼와 난데스까

☐ 관광입니다.
Sightseeing.

# 観光です。
캉꼬데스

☐ 사업입니다.
Business.

# ビジネスです。
비지네스데스

### ✈ 체재 장소와 일정을 물을 때

☐ 얼마나 체재하십니까?
How long are you staying?

# 何日間の滞在ですか。
난니찌깡노 타이자이데스까

☐ 1주일 체재합니다.
I'm staying for a week.

# 一週間です。
잇슈-깐데스

출입국 | 입국심사

❏ 어디에 머무십니까?
Where are you staying?

どこに滞在しますか。
도꼬니 타이자이시마스까

❏ ○○호텔에 머뭅니다.
I'll stay at the ○○Hotel.

○○ホテルに泊まります。
○○호떼루니 도마리마스

❏ (메모를 보이며) 숙박처는 이 호텔입니다.
I'll stay at this Hotel.

宿泊先はこのホテルです。
슈꾸하꾸사끼와 고노 호떼루데스

❏ (호텔은) 아직 정하지 않았습니다.
I don't know which one.

まだ決めていません。
마다 기메떼 이마셍

❏ (호텔은) 단체여행이라서 모릅니다.
I'm not sure, because I'm a member of group tour.

団体旅行なのでわかりません。
단따이료꼬ー나노데 와까리마셍

## ✈ 기타 질문 사항

❏ 돌아가는 항공권은 가지고 계십니까?
Do you have a return ticket?

帰りの航空券はお持ちですか。
가에리노 코ー꾸ー껭와 오모찌데스까

❏ 네, 가지고 있습니다.
Yes, it's right here.

はい、持っています。
하이, 못떼이마스

❏ 현금은 얼마나 가지고 있습니까?
How much cash do you have with you?

現金はいくら持っていますか。
겡낑와 이꾸라 못떼 이마스까

❏ 15만 엔 정도입니다.
I have about Yen 15,0000.

15万円くらいです。
쥬-고만엔 쿠라이데스

❏ 일본은 처음입니까?
Is Japan your first visit(here)?

日本は初めてですか。
니홍와 하지메떼데스까

❏ 네, 처음입니다.
Yes, it is.

はい、初めてです。
하이, 하지메떼데스

❏ 됐습니다.
Good. Have a nice stay.

結構です。
겍꼬데스

# UNIT 03

## Travel Japanese

## 세관검사

입국심사가 끝나면 ターンテーブル이 있는 곳으로 가서 자신이 타고 온 항공사와 편명이 표시된 턴테이블로 짐이 나오므로 그 주위에서 기다렸다 찾으면 됩니다. 짐을 찾으면 稅關의 표시를 따라 세관으로 가서 여권과 세관신고서를 담당에게 보여주고 통과를 기다리면 됩니다.

---

이것은 _____ 입니다.
This is _____ .

**これは _____ です。**
고레와                         데스

- 선물 / gift / **贈り物** / 오꾸리모노
- 일용품 / for my personal use / **日用品** / 니찌요-힝
- 라면 / ramyon / **ラーメン** / 라멩
- 약 / medicine / **薬** / 구스리

---

**Q : 신고할 것이 있습니까?**
Do you have anything to declare?

**申告するものはありますか。**
싱고꾸루 모노와 아리마스까

**A : 없습니다.**
No, I don't.

**ありません。**
아리마셍

76

## ✈ 짐을 찾을 때

□ 짐은 어디서 찾습니까?
Where can I get my baggage?

### 手荷物はどこで受け取りますか。
테니모쯔와 도꼬데 우께또리마스까

□ 이건 714편 턴테이블입니까?
Is this baggage conveyer for flight 714?

### これは714便のターンテーブルですか。
고레와 나나햐 꾸쥬-빈노 타-ㄴ테-부르데스까

□ 714편 짐은 나왔습니까?
Has baggage from flight 714.

### 714便の荷物はもう出てきましたか。
나나햐꾸 쥬-욘빈노 니모쯔와 모- 데떼 키마시다까

□ 제 짐이 보이지 않습니다.
I can't find my baggage.

### 私の手荷物が見つかりません。
와따시노 데니모쯔가 미쓰까리마셍

□ 이게 수화물인환증입니다.
Here is my claim tag.

### これが手荷物引換証です。
고레가 데니모쯔 히끼까에쇼-데스

□ 당장 보상해 주세요.
Pay for me right now?

### 当座の補償をしてください。
도-자노 호쇼-오 시떼 구다사이

## ✈ 세관검사를 받을 때

☐ 여권과 신고서를 보여 주십시오.
Your passport and declaration card, please.

パスポートと申告書を拝見します。

파스뽀-또또 싱꼬꾸쇼오 하이껜시마스

☐ 세관신고서는 가지고 계십니까?
Do you have your customs declaration form?

税関申告書をお持ちですか。

제-깐싱꼬꾸쇼오 오모찌데스까

☐ 신고서는 가지고 있지 않습니다.
I don't have a declaration card.

申告書は持っていません。

싱꼬꾸쇼와 못떼 이마셍

☐ 신고할 것은 있습니까?
Do you have anything to declare?

申告するものはありますか。

싱꼬꾸스루 모노와 아리마스까

☐ 일용품뿐입니다.
I only have personal belongings.

身の回りのものだけです。

미노마와리노 모노다께데스

☐ 이 가방을 열어 주십시오.
Please open this bag.

このバッグを開けてください。

고노 박구오 아께떼 구다사이

□ 내용물은 무엇입니까?
　What's in it?

　中身は何ですか。
　なかみわなんですか

　나까미와 난데스까

□ 이건 뭡니까?
　What's this?

　これは何ですか。
　고레와 난데스까

□ 친구에게 줄 선물입니다.
　Gifts for my friends.

　友達へのお土産です。
　도모다찌에노 오미야게데스

□ 다른 짐은 있나요?
　Do you have any other baggage?

　他に荷物はありますか。
　호까니 니모쯔와 아리마스까

□ 이건 과세 대상이 됩니다.
　You have to pay duty on it.

　これは課税対象となります。
　고레와 가제-타이쇼-또 나리마스

□ 과세액은 얼마입니까?
　How much is the duty?

　課税額はいくらですか。
　카제-가꾸와 이꾸라데스까

출입국 세관검사

# UNIT 04

## 공항에서

Travel Japanese

공항 로비의 안내소에는 무료 지도, 관광 가이드나 호텔 가이드 등의 팸플릿이 준비되어 있습니다. 시내로 교통수단, 호텔이 위치한 장소나 택시 요금 등 필요한 정보를 모으도록 합시다. 대형 공항에서는 호텔 예약, 렌터카 등의 별도의 부스가 있기도 합니다.

[
    _____ 은(는) 어디에 있습니까?

    Where is the _____ ?

    _____ **はどこですか。**

    와 도꼬데스까
]

| | | | |
|---|---|---|---|
| □ 안내소 | Information | **案内所** | 안나이쇼 |
| □ 환전 | exchange | **為替** | 가와세 |
| □ 화장실 | rest room | **トイレ** | 토이레 |
| □ 택시승강장 | taxi stand | **タクシー乗り場** | 타꾸시-노리바 |

### Q: 어디에서 환전을 합니까?
Where can I exchange money?

**どこで両替できますか。**

도꼬데 료-가에 데끼마스까

### A: 「환전」이라고 써진 곳으로 가십시오.
Go to "Currency Exchange."

**「両替」と書いてあるところに行ってください。**

「료-가에」또 가이떼 아루 도꼬로니 잇떼 구다사이

## ✈ 환전을 할 때

☐ 이걸 환전해 주시겠어요?
Could you exchange this?

これを両替してください。
고레오 료-가에시떼 구다사이

☐ 여행자수표를 현금으로 바꿔 주세요.
Please cash these traveler's checks.

トラベラーズチェックを現金にしてください。
토라베라-즈첵꾸오 겡낀니시떼 구다사이

☐ 잔돈도 섞어 주세요.
I'd like some small change.

小銭も混ぜてください。
코제니모 마제떼 구다사이

☐ 계산이 틀린 것 같은데요.
I think the amount is incorrect.

計算が違っているようですが。
케-상가 치갓떼이루 요-데스가

☐ 수수료는 얼마입니까?
How much is your commission?

手数料はいくらですか。
데스-료-와 이꾸라데스까

☐ 계산서를 주시겠어요?
May I have a receipt?

計算書をください。
케-산쇼오 구다사이

### ✈ 관광안내소에서

□ 관광안내소는 어디에 있습니까?
Where is the tourist information center?

観光案内所はどこですか。
캉꼬-안나이죠와 도꼬데스까

□ 시가지도와 관광 팸플릿을 주시겠어요?
Can I have a city map and tourist brochure?

市街地図と観光パンフレットをください。
시가이치즈또 캉꼬- 팡후렛또오 구다사이

□ 매표소는 어디에 있습니까?
Where is the ticket office?

切符売場はどこですか。
깁뿌우리바와 도꼬데스까

□ 출구는 어디입니까?
Where is the exit?

出口はどこですか。
데구찌와 도꼬데스까

□ 호텔 리스트는 있습니까?
Do you have a hotel list?

ホテルリストはありますか。
호떼루리스또와 아리마스까

□ 여기서 렌터카를 예약할 수 있습니까?
Can I reserve rental car here?

ここでレンタカーの予約ができますか。
고꼬데 렌따카-노 요야꾸가 데끼마스까

## ✈ 호텔을 찾을 때

□ 여기서 호텔을 예약할 수 있습니까?
Can I reserve a hotel here?

### ここでホテルの予約ができますか。
고꼬데 호떼루노 요야꾸가 데끼마스까

□ 시내 호텔을 예약해 주시겠어요?
Could you reserve a hotel in the city?

### 市内のホテルを予約してください。
시나이노 호떼루오 요야꾸시떼 구다사이

□ 어떤 호텔을 찾으십니까?
What kind of hotel are you looking for?

### どのようなホテルをお探しですか。
도노요-나 호떼루오 오사가시데스까

□ 번화가에 가까운 호텔을 부탁합니다.
One near downtown.

### 繁華街に近いホテルをお願いします。
항까가이니 치까이 호떼루오 오네가이시마스

□ 역에서 가까운 호텔을 부탁합니다.
I'd like a hotel close to the station.

### 駅から近いホテルをお願いします。
에끼까라 치까이 호떼루오 오네가이시마스

□ 그 호텔은 어디에 있습니까?
Where's the hotel?

### そのホテルはどこですか。
소노 호떼루와 도꼬데스까

# UNIT 05

## Travel Japanese

# 시내로 이동

공항의 포터에게 지불하는 것은 팁이 아니라 포터 요금으로 정해진 규정 요금입니다.
괜찮다면 다소 팁을 주는 것도 좋겠습니다.
시내와 공항을 직접 연결하는 리무진버스 이외에 JR열차, 버스, 택시(요금이 비싸므로
가급적 피하는 게 좋다) 등의 교통수단이 있습니다.

---

[ _____ 까지 부탁합니다.

_____ , please.

_____ までお願いします。

마데 오네가이 시마스 ]

| | | | |
|---|---|---|---|
| □ ○○호텔 | ○○Hotel | ○○ホテル | ○○호테루 |
| □ 시내 | downtown | 繁華街 | 항까가이 |
| □ ○○역 | ○○Station | ○○駅 | ○○에끼 |
| □ ○○박물관 | ○○Museum | ○○博物館 | ○○하꾸부쓰깡 |

---

Q : 어디서 택시를 탑니까?

Where can I get a taxi?

### どこでタクシーに乗れますか。

도꼬데 타꾸시-니 노레마스까

A : 바로 앞쪽에 택시 승강장이 있습니다.

There's a taxi stand up ahead.

### すぐ前方にタクシー乗り場があります。

스구 젬뽀-니 타꾸시-노리바가 아리마스

### ✈ 포터

□ 포터를 찾고 있습니다.
I'm looking for a porter.

ポーターを探しています。
포-따-오 사가시떼 이마스

□ 포터를 불러 주세요.
Please get me a porter.

ポーターを呼んでください。
포-따-오 욘데 구다사이

□ 이 짐을 택시승강장까지 옮겨 주세요.
Please take this baggage to the taxi stand.

この荷物をタクシー乗り場まで運んでください。
고노 니모쯔오 타꾸시- 노리바마데 하꼰데 구다사이

□ 이 짐을 버스정류소까지 옮겨 주세요.
Please take this baggage to the bus stop.

この荷物をバス乗り場まで運んでください。
고노 니모쯔오 바스 노리바마데 하꼰데 구다사이

□ 카트는 어디에 있습니까?
Where are the baggage carts?

カートはどこにありますか。
카-또와 도꼬니 아리마스까

□ 짐을 호텔로 보내 주세요.
Please deliver the baggage to my hotel.

荷物をホテルに届けてください。
니모쯔오 호떼루니 토도께떼 구다사이

출입국 시내로 이동

## ✈ 택시

□ **택시 승강장은 어디입니까?**
Where is the taxi stand?

### タクシー乗り場はどこですか。
타꾸시-노리바와 도꼬데스까

□ **어디서 택시를 탑니까?**
Where can I get a taxi?

### どこでタクシーに乗れますか。
도꼬데 타꾸시니 노레마스까

□ **어디까지 가십니까?**
Where are you going?

### どちらまで？
도찌라마데

□ **○○호텔로 가 주세요.**
To ○○Hotel, please.

### ○○ホテルへ行ってください。
○○호떼루에 잇떼 구다사이

□ **(주소를 보이며) 이리 가 주세요.**
Take me to this address, please.

### ここへ行ってください。
고꼬에 잇떼 구다사이

□ **짐을 트렁크에 넣어 주세요.**
Please put my baggage in the trunk.

### 荷物をトランクに入れてください。
니모쯔오 토랑꾸니 이레떼 구다사이

## ✈ 버스

❏ **시내로 가는 버스는 있습니까?**
Is there a bus going downtown?

市内へ行くバスはありますか。
시나이에 이꾸 바스와 아리마스까

❏ **매표소는 어디입니까?**
Where is the ticket office?

切符売り場はどこですか。
깁뿌우리바와 도꼬데스까

❏ **시간은 어느 정도 걸립니까?**
How long does it take to get there?

時間はどのくらいかかりますか。
지깡와 도노쿠라이 가까리마스까

❏ **도착하면 알려 주시겠어요?**
Could you tell me when we get there?

着いたら教えてください。
쓰이따라 오시에떼 구다사이

❏ **시내로 가는 가장 빠른 교통수단은 무엇입니까?**
What's the fastest way to downtown?

市内へ行くもっとも速い交通手段は何ですか。
시나이에 이꾸 못또모 하야이 코-쓰-슈당와 난데스까

❏ **시내로 가는 가장 싼 교통수단은 무엇입니까?**
What's the cheapest way to downtown?

市内へ行くもっとも安い交通手段は何ですか。
시나이에 이꾸 못또모 야스이 코-쓰-슈당와 난데스까

출입국 시내로 이동

## 공항에서 볼 수 있는 게시판

| | | |
|---|---|---|
| 出発入口 | DEPARTURE GATE | 출발입구 |
| 到着入口 | ARRIVAL GATE | 도착입구 |
| 搭乗入口 | BOARDING GATE | 탑승입구 |
| 搭乗手続き | NOW BOARDING | 탑승수속 중 |
| 定刻に | ON TIME | 정각에 |
| 遅延 | DELAYED | 지연 |
| 乗換 | CONNECTING FLIGHT | 환승 비행기 |
| キャンセル待ち | STAND BY | 공석 대기 |
| 両替所 | EXCHANGE/ MONEY EXCHANGE | 환전소 |
| 国内線 | DOMESTIC | 국내선 |

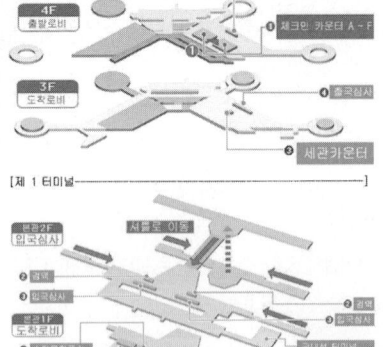

[제 1 터미널]

[제 2 터미널]

# PART 3

# 숙박

호텔 예약
호텔 체크인
룸서비스
호텔시설 이용하기
호텔에서 전화·우편
호텔에서의 트러블
체크아웃

Travel Information

# 숙박에 관한 정보

## ✈ 고급호텔

일본의 특급 혹은 일급호텔에서는 다른 세계적인 호텔과 같은 시설과 쾌적함을 누릴 수 있다. 이들 톱클래스의 호텔은 업무차 방문하는 회사의 고급간부나 디럭스 및 일급 숙박을 원하는 여행자에게 만족할만한 서비스를 제공한다.

## ✈ 비즈니스호텔

비즈니스호텔은 특급호텔이나 일급호텔에 비해 아주 저렴한 숙박시설로, 출장을 다니는 회사원들이 많이 이용하는 곳이다. 얼핏 보기에 일반 호텔과 비슷해 보이지만 서비스에 있어서 약간 차이가 있는데, 룸서비스가 없다는 것과 호텔 내에 부대시설이 부족하다는 것 등을 들 수 있다.

## ✈ 민슈쿠

민슈쿠(民宿)는 하루 3,000~8,000엔 정도로 머무를 수 있는 일종의 민박시설이다. 영국의 B&B와 비슷하다고 생각하면 된다. 따라서 숙박비는 두 끼의 식사를 포함한다. 식사는 그 지방 특산의 나물이나 해물을 사용하며 가족적인 분위기를 느낄 수 있는 장점이 있다.

일본의 민슈쿠는 대부분 대도시보다는 관광지 주변의 지방에서 자주 볼 수 있으며 한국 사람들이 생각하는 민박과는 개념이 조금 다르다. 한국에서 민박의 의미는 일반 가정집에 방 한 두 개를 비워놓고 여행자들이 머무를 수 있도록 하는 경우가 대부분인데 반해 일본의 민슈쿠는 가족단위로 운영하는 일본식 료칸(旅館)에 가깝다고 보면 된다.

## ✈ 료칸

일본의 료칸(旅館)을 한국의 여관과 같은 개념으로 생각을 하는 경우가 많은데, 일본의 료칸은 한국의 여관과는 전혀 다르다.

일본의 료칸은 쉽게 말하자면 호텔과는 달리 일본 냄새가 물씬 풍기는 전통 있는 숙박업소라 할 수 있다. 일본에는 몇 대째 대를 이어 내려온 료칸도 많을뿐더러 하

나같이 일본식 전통 가옥에 다다미로 된 방(일본에서는 이를 和室(わしつ)화실이라 부른다), 그 지방의 특산물로 요리한 음식, 여독을 풀 수 있는 온천 등이 마련되어 있다.
정성어린 만찬과 간소한 아침식사를 객실담당 메이드가 날라다 주며, 가격은 숙박료에 포함되어 있는 곳이 대부분이다.

### ✈ 유스호스텔 (YouthHostel)

남녀노소를 막론하고 누구나 이용할 수 있는 유스호스텔은 알뜰 여행자라면 가장 먼저 생각하게 되는 숙박시설이다. 일본 전역에 걸쳐 약 450개가 있고 하룻밤에 보통 2,300~3,500엔 정도를 지불해야 한다.

### ✈ 캡슐호텔 (Capsule Hotel)

캡슐호텔은 원래 일본에만 있는 독특한 숙박시설로 흔히 일본인들의 특성을 이야기할 때 자주 인용하는 소재였는데, 언제부터인가 이 캡슐호텔이 국내에 휴게방이라는 이름으로 들어오기 시작하면서 한국인들에게 그리 낯설지 않은 공간이 되었다.

### ✈ 러브호텔 (LOVE HOTEL)

일본의 모든 도시에는 러브호텔이 많다. 호텔에 투숙하기엔 요금이 비싸고 유스호스텔은 같은 방 사용이 금지되어 있으므로 신혼여행객이나 연인들이 이용해 볼만한 곳이다. 방 내부는 기발한 시설로 장식되어 있으며 대개 숙박 손님은 22시 이후에 들어가야 하며 같은 남자나 여자끼리 가면 투숙을 거절당할 수 있다. 아침식사를 포함한 2인1실인 경우 1인당 5,000~7,000엔 정도이다.

### ✈ 가이진하우스

가이진(外人)하우스는 배낭 여행자들이 많이 이용하는 숙소로 개인이 운영한다. 이곳에는 직접 취사가 가능하고 숙박비도 비교적 싼 편이지만 도쿄나 교토 등지에 한정되어 있는 것과 방 구하기가 어렵다는 것이 흠이다.

### ✈ 고쿠민슈쿠샤

고쿠민슈쿠샤(国民宿舎)는 전국의 유명한 리조트나 국립공원 지역에서 지방 자치단체가 운영하는 숙박 시설이다.

# UNIT 01

Travel Japanese

# 호텔 예약

호텔을 현지에서 찾을 때는 공항이나 시내의 観光案内所(Tourist Information)에서 물어보도록 합시다. 예약을 해주는 곳도 있기는 하지만, 우선 가능하면 한국에서 출발하기 전에 예약을 해두는 것이 좋습니다. 예약할 때는 요금, 입지, 치안 등을 고려해서 정하도록 합시다.

[
_____ (으)로 부탁합니다.

I'd like a _____ .

_____をお願いします。

오 오네가이 시마스
]

- 싱글 룸   single room   シングルルーム   싱구루루-무
- 트윈 룸   twin room   ツインルーム   쓰인루무
- 더블 룸   double room   ダブルルーム   다부루루-무
- 욕실이 있는 방 room with a bath   バス付きの部屋   바스쓰끼노 헤야

Q: 오늘 밤, 빈방 있습니까?

Do you have a room for tonight?

今晩、空き部屋はありますか。

곰방, 아끼베야와 아리마스까

A: 몇 분이십니까?

For how many of you.

何名様でしょうか。

남메-사마데쇼-까

### ✈ 안내소에서

☐ **여기서 호텔 예약할 수 있습니까?**
Can I make a reservation here?

ここでホテルの予約ができますか。
고꼬데 호떼루노 요야꾸가 데끼마스까

☐ **어떤 방이 좋겠습니까?**
What type of room would you like?

どのようなお部屋がよろしいでしょうか。
도노요-나 오헤야가 요로시-데쇼-까

☐ **역까지 데리러 옵니까?**
Could you pick me up at the station?

駅まで迎えに来てくれますか。
에끼마데 무까에니 기떼 구레마스까

☐ **공항까지 데리러 옵니까?**
Could you pick me up at the the airport?

空港まで迎えに来てくれますか。
쿠-꼬-마데 무까에니 기떼 구레마스까

☐ **그 호텔은 어디에 있습니까?**
Where is the hotel located?

そのホテルはどこにありますか。
소노 호떼루와 도꼬니 아리마스까

☐ **다른 호텔을 소개해 주십시오.**
Could you tell me where another hotel is?

他のホテルを紹介してください。
호까노 호떼루오 쇼-까이시떼 구다사이

숙박 | 호텔 예약

## ✈ 전화로 예약할 때

□ 오늘 밤, 빈방 있습니까?
　Do you have any vacancies tonight?
　今夜、空き部屋はありますか。
　공야, 아끼베야와 아리마스까

□ 숙박요금은 얼마입니까?
　How much is the room charge?
　宿泊料金はおいくらですか。
　슈꾸하꾸료-낑와 오이꾸라데스까

□ 1박에 얼마입니까?
　How much for one night?
　一泊いくらですか。
　입빠꾸 이꾸라데스까

□ 요금에 조식은 포함되어 있나요?
　Does the room charge include breakfast?
　料金に朝食は含まれていますか。
　료-낑니 쵸-쇼꾸와 후꾸마레떼 이마스까

□ 봉사료와 세금은 포함되어 있습니까?
　Does it include service charge and tax?
　サービス料と税金は含まれていますか。
　사-비스료-또 제-낑와 후꾸마레떼 이마스까

□ 예약을 하고 싶은데요.
　I'd like to make a reservation.
　予約をしたいのですが。
　요야꾸오 시따이노데스가

□ 몇 박을 하실 겁니까?
　How long would you like to stay?

　何泊なさいますか。
　남빠꾸 나사이마스까

□ 오늘 밤부터 2박 할 겁니다.
　I'll stay two nights.

　今晩から二泊します。
　곰방까라 니하꾸시마스

□ 더블 룸으로 부탁합니다.
　A double room, please.

　ダブルルームをお願いします。
　다부루루-무오 오네가이시마스

□ 욕실이 있는 방으로 부탁합니다.
　I'd like a room with a bath.

　バス付きの部屋をお願いします。
　바스쓰끼노 헤야오 오네가이시마스

□ 선불인가요?
　Do you need a deposit?

　前金は必要ですか。
　마에낑와 히쯔요-데스까

□ 홍길동입니다. 스펠링은 HONG KILDONG입니다.
　My name is Gil-dong Hong. The spelling is HONG KILDONG.

　ホンギルドンです。スペルは HONG KILDONGです。
　홍길동데스 스뻬루와 HONG KILDONG데스

숙박 호텔 예약

## ❏ 호텔 스텝의 역할

**❶ 회계**(cashier)  会計 카이께-
 - 요금 정산, 환전, 금고 관리

**❷ 레지스트레이션**(registration)  レジストレーション 레지스토레-숑
 - 체크인, 체크아웃

**❸ 접수**(reception)  受付 우께쓰께 / レセプション 레세푸숑
 - 룸키, 메시지

**❹ 안내**(information)  インフォメーション 잉훠메-숑
 - 극장, 식당 등의 안내 및 예약, 관광 상담, 편지나 메시지 취급

**❺ 포터**(porter)  ポーター 포-따-
 - 차에서 프런트까지 짐 운반

**❻ 도어맨**(doorman)  ドアマン 도아망
 - 현관에서 숙박객의 송영

**❼ 벨캡틴**(bell captain)  ベルキャプテン 베루캬뿌뗑
 - 벨보이 책임자

**❽ 벨보이**(bellboy)  ベルボーイ 베루보-이
 - 로비와 객실간의 짐 운반 등

**❾ 보이**(valet)  ボーイ 보-이
 - 룸서비스 운반

**❿ 룸 메이드**(room maid)  メイド 메이도
 - 침대 정리나 방 청소

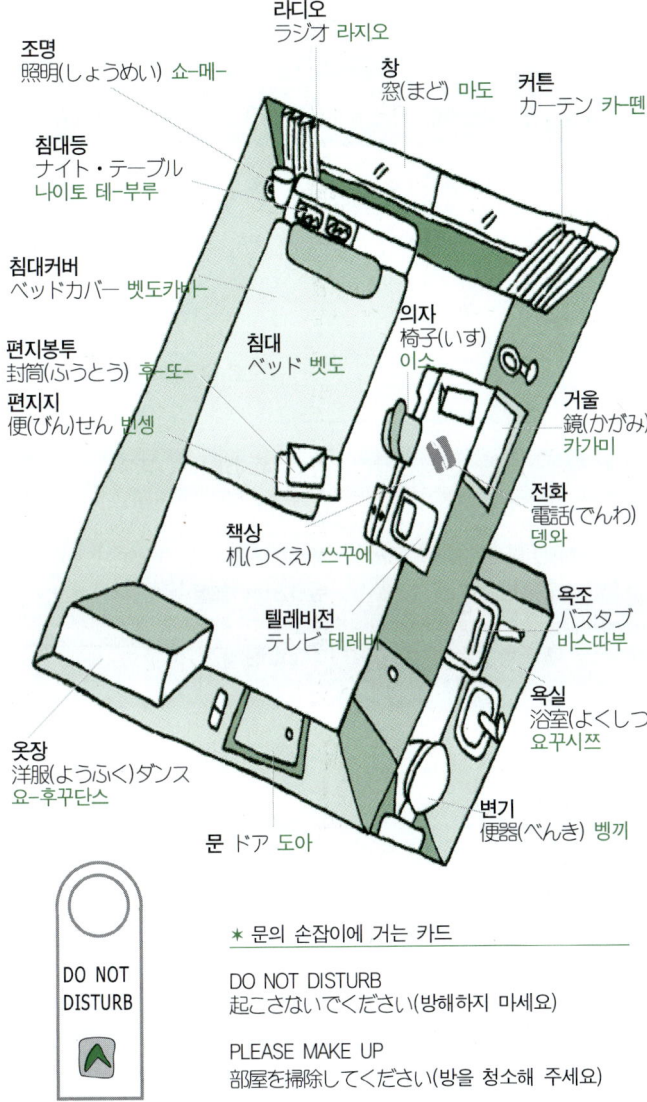

# UNIT 02

Travel Japanese

## 호텔 체크인

호텔의 체크인 시각은 보통 오후 2시부터입니다. 호텔 도착 시간이 오후 6시를 넘을 때는 예약이 취소되는 경우도 있으므로 늦을 경우에는 호텔에 도착시간을 전화로 알려 두는 것이 좋습니다. 방의 형태, 설비, 요금, 체재 예정 등을 체크인할 때 확인하도록 합시다.

[
_____ 으로 부탁합니다.

I'd like a _____ .

_____ をお願いします。

오 오네가이 시마스
]

- □ 조용한 방    peaceful room    **静かな部屋**    시즈까나 헤야
- □ 더 좋은 방    better room    **もっといい部屋**    못또 이- 헤야
- □ 전망이 좋은 방    room with a nice view    **眺めのいい部屋**    나가메노 이- 헤야

Q : 안녕하세요. 어서 오십시오.
Hi. May I help you?

### いらっしゃいませ。

이랏샤이마세

A : 체크인 해 주세요.
I'd like to check in, please.

### チェックインをお願いします。

첵꾸잉오 오네가이 시마스

## ✈ 프런트에서 체크인할 때

☐ 예약은 하셨습니까?
　Did you have a reservation?

### 予約はされていますか。
요야꾸와 사레떼 이마스까

☐ 예약했습니다.
　I have a reservation.

### 予約してあります。
요야꾸시떼 아리마스

☐ 확인서는 여기 있습니다.
　Here is my confirmation slip.

### 確認書はこれです。
카꾸닌쇼와 고레데스

☐ 예약은 한국에서 했습니다.
　I made one from Korea.

### 予約は韓国で済ませました。
요야꾸와 캉꼬꾸데 스마세마시다

☐ 아직 예약을 하지 않았습니다.
　I haven't made a reservation.

### まだ予約はしていません。
마다 요야꾸와 시떼 이마셍

☐ 오늘밤 빈방은 있습니까?
　Can I get a room for tonight?

### 今夜、空き部屋はありますか。
공야, 아끼베야와 아리마스까

숙박 호텔 체크인

- 성함을 말씀하십시오.
  May I have your name?

  お名前をどうぞ。

  오나마에오 도-조

- 숙박 쿠폰을 가지고 있습니다.
  I have a travel agency coupon.

  宿泊クーポンを持っています。

  슈꾸하꾸 쿠-퐁오 못떼 이마스

- 조용한 방으로 부탁합니다.
  I'd like a quiet room.

  静かな部屋をお願いします。

  시즈까나 헤야오 오네가이 시마스

- 전망이 좋은 방으로 부탁합니다.
  I'd like a room with a nice view.

  眺めのいい部屋をお願いします。

  나가메노 이- 헤야오 오네가이 시마스

- 방을 보여 주세요.
  May I see the room?

  部屋を見せてください。

  헤야오 미세떼 구다사이

- 좀더 좋은 방은 없습니까?
  Do you have anything better?

  もっとよい部屋はありませんか。

  못또 요이 헤야와 아리마셍까

- 좀더 큰 방으로 바꿔 주세요.
  Could you give me a larger room?

  もう少し大きい部屋にかえてください。

  모- 스꼬시 오-끼- 헤야니 가에떼 구다사이

- 이 방으로 하겠습니다.
  I'll take this room.

  この部屋にします。

  고노 헤야니 시마스

- 숙박카드에 기입해 주십시오.
  Please fill out the registration card.

  宿泊カードにご記入ください。

  슈꾸하꾸 카-도니 고키뉴- 구다사이

- 이게 방 열쇠입니다.
  Here is your room key.

  こちらが部屋のカギとなります。

  고찌라가 헤야노 카기또 나리마스

- 귀중품을 보관해 주시겠어요?
  Can you keep my valuables?

  貴重品を預かってもらえますか。

  기쬬힝오 아즈깟떼 모라에마스까

- 벨보이가 방으로 안내하겠습니다.
  The bellboy will show you your room.

  ベルボーイが部屋に案内します。

  베루보-이가 헤야니 안나이시마스

❏ 짐을 방까지 옮겨 주겠어요?
Could you bring my baggage?

荷物を部屋まで運んでくれますか。
니모쯔오 헤야마데 하꼰데 구레마스까

❏ 여기가 손님방입니다.
This is your room.

こちらがお客様のお部屋になります。
고찌라가 오캬꾸사마노 오헤야니 나리마스

《숙박카드》

| | HILL HOTEL GUEST REGISTRATION | | |
|---|---|---|---|
| 성명 | Full name | | |
| | Last | First | Middle |
| 자택주소 전화번호 | Home Address: | | Tel: |
| 여권번호 국적, 나이 | Passport No: | Nationality: | Age: |
| 차번호 | License Plate Number: | | |
| 자동차 메이커 자동차 모델명 연식 | Make: | Model: | Year: |
| 서명 | Signature: | | |
| 호텔측 기입사항 | Method of Payment: ☐ Cash $ _____ ☐ Credit Card ☐ Other _____ | | Arrival Date: |
| | | | Departure Date: |
| | | | Room No: |
| | All of at the Hill Hotel are grateful for your patronage. | | |

## ✈ 체크인 트러블

☐ **다시 한번 확인해 주시겠어요?**
Would you check again?

もう一度調べていただけますか。
모- 이찌도 시라베떼 이따다께마스까

☐ **(늦을 경우) 8시에 도착할 것 같습니다.**
I'll arrive at your hotel at eight.

8時に到着します。
하찌지니 도-쨔꾸시마스

☐ **예약을 취소하지 마세요.**
Please don't cancel my reservation.

予約を取り消さないでください。
요야꾸오 도리께사나이데 구다사이

☐ **(예약되어 있지 않을 때) 다시 한번 제 예약을 확인해 주십시오.**
Check my reservation again, please.

もう一度私の予約を調べてください。
모- 이찌도 와따시노 요야꾸오 시라베떼 구다사이

☐ **방을 취소하지 않았습니다.**
I didn't cancel the room.

部屋をキャンセルしていません。
헤야오 캰세루시떼 이마셍

☐ **다른 호텔을 찾으십시오.**
Would you refer me to another hotel?

ほかのホテルを探してください。
호까노 호떼루오 사가시떼 구다사이

숙박 호텔 체크인

# UNIT 03

## Travel Japanese

# 룸서비스

방에 도착하면 짐을 가져다 준 보이에게 팁을 줍니다. 방의 설비에 대해서 모르는 점이 있으면 그때 물어보도록 합시다. 요즘 호텔에서는 자동으로 모닝콜을 하는 곳이 많습니다. 조작을 모를 때는 프런트에 연락을 하고, 서구의 호텔 방에는 슬리퍼가 없으므로 준비해 가도록 합시다.

[ _____ 가져오세요.
I'd like _____ . ]

[ _____ をお<ruby>願<rt>ねが</rt></ruby>いします。
오 오에가이 시마스 ]

- □ 커피 두 잔   two coffees   **コーヒー二杯**   코-히- 니하이
- □ 신문   newspaper   **新聞**   심붕
- □ 병따개   a bottle opener   **栓抜き**   센누끼
- □ 아침식사   breakfast   **朝食**   쵸-쇼꾸

**Q : 누구세요?**
Who is it?

## どなたですか。

도나따데스까

**A : 룸서비스입니다.**
Room service.

## ルームサービスです。

루-무사-비스데스

### ✈ 룸서비스를 부탁할 때

☐ 룸서비스를 부탁합니다.
Room service, please.

ルームサービスをお願いします。
루-무사-비스오 오네가이시마스

☐ 내일 아침 8시에 아침을 먹고 싶은데요.
Breakfast at 8 a.m. tomorrow morning, please.

明日の朝8時に朝食を食べたいのですが。
아시따노 아사 하찌지니 쵸-쇼꾸오 다베따이노데스가

☐ 도와주시겠어요?
Can you give me a hand?

手伝ってもらえませんか。
데쓰닷떼 모라에마셍까

☐ 어느 정도 시간이 걸립니까?
How long will it take?

どのくらい時間がかかりますか。
도노쿠라이 지깡가 가까리마스까

☐ 세탁 서비스는 있습니까?
Do you have valet service?

洗濯のサービスはありますか。
센따꾸노 사-비스와 아리마스까

☐ 따뜻한 마실 물이 필요한데요.
I'd like a pot of boiled water.

飲むお湯がほしいのですが。
노무 오유가 호시-노데스가

숙박

룸서비스

☐ 모닝콜을 부탁합니다.
   I'd like a wake-up call, please.

   モーニングコールをお願いします。
   모-닝구코-루오 오네가이시마스

☐ 몇 시에 말입니까?
   What time?

   何時にですか。
   난지니데스까

☐ 7시에 부탁합니다.
   7 o'clock tomorrow morning.

   7時にお願いします。
   시찌지니 오네가이시마스

☐ 방 번호를 말씀하십시오.
   Your room number, please.

   お部屋番号をどうぞ。
   오헤야 방고-오 도-조

☐ 여기는 1234호실입니다.
   This is Room 1234.

   こちらは1234号室です。
   고찌라와 센니햐꾸산쥬-용 고-시쯔데스

☐ 한국으로 전화를 하고 싶은데요.
   I'd like to make a phone call to Korea.

   韓国に電話をかけたいのですが。
   캉꼬꾸니 뎅와오 가께따이노데스가

☐ 마사지를 부탁합니다.
　I'd like a massage, please.

　マッサージをお願いします。
　맛사-지오 오네가이시마스

☐ 식당 예약 좀 해 주시겠어요?
　Would you make a reservation for a restaurant for me?

　レストランを予約していただけますか。
　레스또랑오 요야꾸시떼 이따다께마스까

### ✈ 룸서비스가 들어올 때

☐ (노크하면) 누구십니까?
　Who is it?

　どなたですか。
　도나따데스까

☐ 잠시 기다리세요.
　Just a moment, please.

　ちょっと待ってください。
　촛또 맛떼 구다사이

☐ 들어오세요.
　Please, come in.

　お入りください。
　오하이리 구다사이

☐ 이건 팁입니다.
　Here's your tip.

　これはチップです。
　고레와 칩뿌데스

UNIT **04** Travel Japanese

# 호텔시설 이용하기

호텔 내의 시설이나 설비, 서비스 내용은 체크인할 때 확인해두도록 합시다. 예약이나 트러블, 문의 사항은 대부분 프런트 데스크에 부탁하면 해결을 해주지만, 클리닝, 룸서비스 등의 내선번호는 방에 준비되어 있는 안내서에 적혀 있습니다.

[
호텔 안에 _____ 은(는) 있습니까?
Do you have a _____ in the hotel?

**このホテルに _____ はありますか。**

고노 호떼루니 _____ 와 아리마스까
]

| | | | |
|---|---|---|---|
| ☐ 식당 | dining room | **食堂** | 쇼꾸도- |
| ☐ 미용실 | hair salon | **美容院** | 비요-잉 |
| ☐ 이발소 | barbershop | **理髪店** | 리하쓰뗑 |
| ☐ 디스코 | disco | **ディスコ** | 디스코 |

Q : 호텔에는 어떤 시설이 있습니까?
What kind of facilities are there in the hotel?

**ホテルにはどんな施設がありますか。**

호떼루니와 돈나 시세쯔가 아리마스까

A : 거의 모두 다 있습니다.
Everything you could possibly want.

**ほとんどすべて揃ってあります。**

호똔도 스베떼 소롯떼 아리마스

### ✈ 시설물을 물을 때

□ **자판기는 있습니까?**
Is there a vending machine?

自動販売機はありますか。
지도-함바이끼와 아리마스까

□ **식당은 어디에 있습니까?**
Where is the dining room?

食堂はどこですか。
쇼꾸도-와 도꼬데스까

□ **식당은 몇 시까지 합니까?**
How late is the dining room?

食堂は何時まで開いていますか。
쇼꾸도-와 난지마데 아이떼 이마스까

□ **이 호텔에 테니스코트는 있습니까?**
Is there a tennis court at this hotel?

このホテルにテニスコートはありますか。
고노 호떼루니 테니스코-또와 아리마스까

□ **커피숍은 어디에 있습니까?**
Where's the coffee shop?

コーヒーショップはどこですか。
코-히-숍뿌와 도꼬데스까

□ **바는 언제까지 합니까?**
How late is the bar room open?

バーはいつまで開いていますか。
바와 이쯔마데 아이떼 이마스까

숙박 호텔시설 이용하기

109

- 가라오케는 어디서 할 수 있나요?
  Where can I sing karaoke?

  カラオケはどこでできますか。
  가라오께와 도꼬데 데끼마스까

- 이메일을 체크하고 싶은데요.
  I want to check my e-mail.

  メールをチェックしたいのですが。
  메-루오 첵꾸시따이노데스가

- 팩스(복사기)는 있습니까?
  Do you have a fax machine(photocopier)?

  ファックスはありますか。
  확꾸스와 아리마스까

- 여기서 관광버스 표를 살 수 있습니까?
  Can I get a ticket for the sightseeing bus here?

  ここで観光バスのチケットを買えますか。
  고꼬데 캉꼬-바스노 치껫또오 가에마스까

- 이발소는 있습니까?
  Is there a barbershop?

  理髪店はありますか。
  리하쯔뗑와 아리마스까

- 계산은 방으로 해 주세요.
  Will you charge it to my room?

  勘定は部屋につけておいてください。
  간죠-와 헤야니 쓰께떼 오이떼 구다사이

## ✈ 세탁

☐ **세탁서비스는 있나요?**
Do you have laundry service?

ランドリーサービスはありますか。
란도리- 사-비스와 아리마스까

☐ **세탁을 부탁합니다.**
I'd like to drop off some laundry.

洗濯物をお願いします。
센따꾸모노오 오네가이시마스

☐ **언제 됩니까?**
When will it be ready?

仕上がりはいつですか。
시아가리와 이쯔데스까

☐ **빨리 해 주시겠어요?**
Could you do it as soon as possible, please?

急いで仕上げてください。
이소이데 시아게떼 구다사이

☐ **이 얼룩을 빼 주겠어요?**
Can you get this stain out?

このシミを取ってください。
고노 시미오 돗떼 구다사이

☐ **이 와이셔츠를 다려 주세요.**
I'd like these shirt pressed.

このワイシャツにアイロンをかけてください。
고노 와이샤쯔니 아이롱오 가께떼 구다사이

숙박 호텔시설 이용하기

## ✈ 미용실에서

☐ **미용실은 있습니까?**
Is there a beauty salon?

美容院はありますか。
비요-잉와 아리마스까

☐ **오늘 오후에 예약할 수 있습니까?**
Can I make an appointment for the afternoon?

今日の午後予約できますか。
쿄-노 고고 요야꾸 데끼마스까

☐ **(헤어스타일을) 어떻게 할까요?**
How would you like your hair?

どのようにしますか。
도노요-니 시마스까

☐ **샴푸와 세트를 부탁합니다.**
Shampoo and set, please.

シャンプーとセットをお願いします。
샴뿌-또 셋또오 오네가이시마스

☐ **커트와 샴푸만 해 주세요.**
Haircut and shampoo, please.

カットとシャンプーだけお願いします。
캇또또 샴뿌-다께 오네가이시마스

☐ **가볍게 파마를 해 주세요.**
A soft permanent, please.

軽くパーマしてください。
가루꾸 파-마시떼 구다사이

## 이발소에서

☐ **커트와 면도를 부탁합니다.**
Haircut and shave, please.
カットと髭剃りをお願いします。
캇또또 히게소리오 오네가이시마스

☐ **조금만 깎아 주세요.**
Just trim it, please.
少しだけ刈ってください。
스꼬시다께 갓떼 구다사이

☐ **짧게 깎아 주세요.**
Cut it short, please.
短く刈ってください。
미지까꾸 갓떼 구다사이

☐ **너무 짧게 하지 마세요.**
Please don't cut it too short.
あまり短くしないでください。
아마리 미지까꾸 시나이데 구다사이

☐ **뒤를 조금 잘라 주세요.**
A little more off the back.
後ろをもう少し切ってください。
우시로오 모- 스꼬시 깃떼 구다사이

☐ **옆을 조금 잘라 주세요.**
A little more off the sides.
横をもう少し切ってください。
요꼬오 모- 스꼬시 깃떼 구다사이

UNIT 05

# 호텔에서 전화 · 우편

국제전화는 호텔에서 다이얼로 직접 거는 방법 이외에 오퍼레이터를 통해서 번호지정통화, 지명통화, 컬렉트콜 등을 이용할 수 있습니다. 국제자동전화를 이용할 때는 일본의 국제자동전화 식별번호 → 우리나라의 국가번호(82) → 국가내의 지역번호(숫자 0은 생략) → 가입자의 번호 순으로 다이얼을 돌리면 됩니다.

[
_____ (으)로 부탁합니다.

By _____ , please.

_____ でお願(ねが)いします。

데 오네가이 시마스
]

- 번호통화   station-to-station call   **番号通話**   방고-쓰-와
- 지명통화   person-to-person call   **指名通話**   시메-쓰-와
- 컬렉트콜   collect call   **コレクト コール**   코레꾸토 코-루
- 항공편   airmail   **航空便**   코-꾸-빈

Q: 한국으로 전화를 하고 싶은데요.

I'd like to make a phone call to Korea.

**韓国(かんこく)に電話(でんわ)をかけたいのですが。**

캉꼬꾸니 뎅와오 가께따이노데스가

A: 몇 번입니까?

What's the number?

**番号(ばんごう)をどうぞ。**

방고-오 도-조

### → 전화를 이용할 때

□ (교환수) **누구를 불러 드릴까요?**
To whom are you calling?

どなたをお呼びしますか。
도나따오 오요비시마스까

□ (교환수) **당신의 이름과 호실을 말씀하십시오.**
Your name and room number, please.

あなたのお名前とお部屋の番号をどうぞ。
아나따노 오나마에또 오헤야노 방고-오 도-조

□ (교환수) **그대로 기다리십시오.**
Hold on, please.

そのままでお待ちください。
소노마마데 오마찌 구다사이

□ (교환수) **전화를 끊고 기다려 주십시오.**
Please hang up and wait.

電話を切ってお待ちください。
뎅와오 깃떼 오마찌 구다사이

□ (교환수) **자 말씀하십시오.**
Go ahead, please.

どうぞお話しください。
도-조 오하나시 구다사이

□ (교환수) **통화중입니다.**
The line is busy.

お話し中です。
오하나시쮸-데스

- (교환수) 응답이 없습니다.
  There's no answer.

  お出になりません。
  오데니 나리마셍

- 외선으로 전화하려면 어떻게 하나요?
  How do I make an outside call?

  外線に電話するにはどうするんですか。
  가이센니 뎅와스루니와 도-스룬데스까

- 방에서 한국으로 전화할 수 있나요?
  Can I make a call to Korea from my room?

  部屋から韓国に電話をかけられますか。
  헤야카라 캉꼬꾸니 뎅와오 가께라레마스까

- 한국으로 팩스를 보내고 싶은데요.
  I'd like to send a fax to Korea.

  韓国にファックスを送りたいのですが。
  캉꼬꾸니 확꾸스오 오꾸리따이노데스가

- (공중전화에서) 이 전화는 한국에 걸립니까?
  Can I call Korea with this telephone?

  この電話で韓国にかかりますか。
  고노 뎅와데 캉꼬꾸니 가까리마스까

- 전화요금은 얼마입니까?
  How much was the charge?

  電話料金はいくらですか。
  뎅와료-낑와 이꾸라데스까

## ✈ 편지를 보낼 때

□ 이 근처에 우체국은 없습니까?
Is there a post office near here?
この近くに郵便局はありませんか。
고노 치까꾸니 유-빙꾜꾸와 아리마셍까

□ 우표는 어디서 살 수 있나요?
Where can I buy stamps?
切手はどこで買えますか。
깃떼와 도꼬데 가에마스까

□ 우표 자동판매기는 어디에 있습니까?
Where's a stamp vending machine?
切手自動販売機はどこですか。
깃떼 지도-함바이끼와 도꼬데스까

□ 한국까지 항공편으로 보내 주세요.
By airmail to Korea, please.
韓国まで航空便で送ってください。
캉꼬꾸마데 코-꾸-빈데 오꿋떼 구다사이

□ 이 소포를 한국으로 보내고 싶은데요.
I'd like to send this parcel to Korea.
この小包を韓国に送りたいのですが。
고노 고즈쓰미오 캉꼬꾸니 오꾸리따이노데스가

□ 이 편지를 부쳐 주세요.
Please send this letter.
この手紙を出してください。
고노 데가미오 다시떼 구다사이

숙박 | 호텔에서 전화 · 우편

# UNIT 06

Travel Japanese

# 호텔에서의 트러블

호텔 방이 100% 안전하다고 과신해서는 안 됩니다. 비품이 제대로 갖추어져 있지 않거나 불의의 사고로 다치거나, 종업원을 가장해 방에 들어와 물건을 훔치는 경우도 적지 않습니다. 문제가 발생했을 때는 그냥 넘어가지 말고 반드시 프런트 데스크에 연락을 취해 해결하도록 합시다.

---

_____ (이)가 고장 났습니다.

The _____ doesn't work.

_____ が壊れています。

가 고와레떼 이마스

| □ 열쇠 | lock | 鍵 | 카기 |
| □ 에어컨 | air-conditioner | エアコン | 에아꽁 |
| □ 수도꼭지 | faucet | 蛇口 | 쟈구찌 |
| □ 히터 | heater | ヒーター | 히-따- |

Q : 잠깐 와 주시겠어요?

Could you send someone up to my room?

ちょっと来てもらえませんか。

촛또 기떼 모라에마셍까

A : 네, 무슨 일이십니까?

Sure, what's the problem?

はい、どういたしましたか。

하이, 도-이따시마시다까

### ✈ 방에 들어갈 수 없을 때

☐ 마스터키를 부탁합니다.
The master key, please.

### マスターキーをお願いします。
마스따-키-오 오네가이시마스

☐ 열쇠가 잠겨 방에 들어갈 수 없습니다.
I locked myself out.

### 鍵がかかって部屋に入れないんです。
카기가 가캇떼 헤야니 하이레나인데스

☐ 열쇠를 방에 두고 나왔습니다.
I left the key in my room.

### 鍵を部屋に忘れました。
카기오 헤야니 와스레마시다

☐ 카드키는 어떻게 사용합니까?
How do I use the card key?

### カードキーはどうやって使うのでしょう？
카-도키-와 도-얏떼 쓰까우노데쇼-

☐ 방 번호를 잊어버렸습니다.
I forgot my room number.

### 部屋の番号を忘れました。
헤야노 방고-오 와스레마시다

☐ 복도에 이상한 사람이 있습니다.
There is a strange person in the corridor.

### 廊下に不審な人がいます。
로-까니 후신나 히또가 이마스

숙박 — 호텔에서의 트러블

### ✈ 방을 바꿔달라고 할 때

☐ 옆방이 무척 시끄럽습니다.
The next room is very noisy.

となりの部屋がとてもうるさいんです。

도나리노 헤야가 도떼모 우루사인데스

☐ (시끄러워서) 잠을 잘 수 없습니다.
I can't sleep.

私は眠れないんです。

와따시와 네무레나인데스

☐ 방을 바꿔 주세요.
Could you give me a different room.

部屋を替えてください。

헤야오 가에떼 구다사이

### ✈ 수리를 원할 때

☐ 화장실 물이 잘 흐르지 않습니다.
This toilet doesn't flush well.

トイレの水がよく流れません。

토이레노 미즈가 요꾸 나가레마셍

☐ 뜨거운 물이 나오지 않는데요.
There's no hot water.

お湯が出ないのですが。

오유가 데나이노데스가

☐ 물이 샙니다.
The water is leaking.

水が漏れています。

미즈가 모레떼 이마스

□ 수도꼭지가 고장 났습니다.
The faucet is broken.

水道の蛇口が壊れています。
스이도-노 쟈구찌가 고와레떼 이마스

□ 물이 뜨겁지 않습니다.
The water isn't hot enough.

お湯が熱くありません。
오유가 아쯔꾸 아리마셍

□ 빨리 고쳐 주세요.
Could you fix it now?

すぐ修理に来てください。
스구 슈-리니 기떼 구다사이

### ✈ 청소·비품이 없을 때

□ 방 청소가 아직 안 되었습니다.
My room hasn't been cleaned yet.

部屋がまだ掃除されていません。
헤야가 마다 소-지사레떼 이마셍

□ 미니바가 비어 있습니다.
The mini-bar is empty.

ミニバーが空っぽです。
미니바-가 카랍뽀데스

□ 타월을 바꿔 주세요.
Can I get a new towel?

タオルを取り替えてください。
타오루오 도리까에떼 구다사이

숙박 호텔에서의 트러블

# UNIT 07

## Travel Japanese

## 체크아웃

아침 일찍 호텔을 떠날 때는 가능하면 전날 밤 짐을 꾸려 다음날 아침 짐을 가지러 오도록 미리 벨보이에게 부탁해두면 좋습니다. 택시를 부르거나 공항버스 시각을 알아 두고 체크아웃 예약도 전날 밤 해두면 편하게 출발할 수 있습니다. 방을 나갈 때는 잊은 물건이 없는지 확인하도록 합시다.

[
_____ 은(는) 무엇입니까?

What is this _____ ?

_____ は何ですか。

와 난지데스까
]

- ☐ 요금    charge for    **料金**    료-낑
- ☐ 숫자    figure    **数字**    스-지
- ☐ 추가요금    additional charge for    **追加料金**    쓰이까 료-낑

### Q : 체크아웃을 부탁합니다.
I'd like to check out now.

**チェックアウトをお願いします。**

쳭꾸아우또오 오네가이시마스.

### A : 몇 호실입니까?
What's your room number?

**部屋番号は何号室ですか。**

헤야방고-와 낭고-시쯔데스까?

## ✈ 체크아웃을 준비할 때

❑ 체크아웃은 몇 시입니까?
When is check out time?

チェックアウトタイムは何時ですか。
첵꾸아우또 타이무와 난지데스까

❑ 몇 시에 떠날 겁니까?
What time are you leaving?

ご出発は何時ですか。
고슙빠쯔와 난지데스까

❑ 하룻밤 더 묵고 싶은데요.
I'd like to stay one more night.

もう一泊したいのですが。
모- 입빠꾸 시따이노데스가

❑ 하루 일찍 떠나고 싶은데요.
I'd like to leave one day earlier.

一日早く発ちたいのですが。
이찌니찌 하야꾸 다찌따이노데스가

❑ 오후까지 방을 쓸 수 있나요?
May I use the room till this afternoon?

午後まで部屋を使えますか。
고고마데 헤야오 쓰까에마스까

❑ 오전 10시에 택시를 불러 주세요.
Please call a taxi for me at 10 a.m.

午前10時にタクシーを呼んでください。
고젠 쥬-지니 타꾸시-오 욘데 구다사이

숙박

체크아웃

## ✈ 체크아웃

☐ (전화로) 체크아웃을 하고 싶은데요.
Check out, please.

**チェックアウトをしたいのですが。**
첵꾸아우또오 시따이노데스가

☐ 1234호실 홍길동입니다.
My name is Kil-dong Hong, Room 1234.

**1234号室のホンギルドンです。**
센니햐꾸 산쥬-용 고-시쯔노 홍기루동데스

☐ 포터를 보내 주세요.
A porter, please.

**ポーターをお願いします。**
뽀-따오 오네가이시마스

☐ 맡긴 귀중품을 꺼내 주세요.
I'd like my valuables from the safe.

**預けておいた貴重品を出してください。**
아즈께떼 오이따 기쬬힝오 다시떼 구다사이

☐ 출발할 때까지 짐을 맡아 주시겠어요?
Could you keep my baggage until my departure time?

**出発まで荷物を預かってもらえますか。**
슙빠쯔마데 니모쯔오 아즈깟떼 모라에마스까

☐ 방에 물건을 두고 나왔습니다.
I left something in my room.

**部屋に忘れ物をしました。**
헤야니 와스레모노오 시마시다

## ✈ 계산을 할 때

❏ 계산을 부탁합니다.
My bill, please.
会計をお願いします。
카이께-오 오네가이시마스

❏ 신용카드도 됩니까?
Do you accept a credit card?
クレジットカードで支払いできますか。
쿠레짓또카-도데 시하라이 데끼마스까

❏ 여행자수표도 됩니까?
Do you accept a traveler's checks?
トラベラーズチェックで支払いできますか。
토라베라-즈첵꾸데 시하라이 데끼마스까

❏ 전부 포함된 겁니까?
Is everything included?
全部込みですか。
젬부 꼬미데스까

❏ 계산이 틀린 것 같은데요.
I think there is a mistake on this bill.
計算違いがあるようです。
케-산치가이가 아루요-데스

❏ 고맙습니다. 즐겁게 보냈습니다.
Thank you. I enjoyed my stay.
ありがとう。快適な滞在でした。
아리가또- 카이떼끼나 타이자이데시다

숙박 체크아웃

## 호텔에서 볼 수 있는 게시판

| | | |
|---|---|---|
| 入口 | ENTRANCE | 입구 |
| 出口 | EXIT / WAY OUT | 출구 |
| 携帯品の預り所 | CLOAKROOM | 휴대품 보관소 |
| 別館 | ANNEX | 별관 |
| 男子用 | GENTLEMAN / MEN | 남자 화장실 |
| 女子用 | LADIES / WOMEN | 여자 화장실 |
| 現金出納員 | CASHIER | 현금 출납원 |
| 部屋掃除中 | MAKE UP ROOM | 방 청소 중 |
| 受付 | REGISTRATION / FRONT DESK | 접수처 |
| 非常口 | EMERGENCY EXIT FIRE EXIT | 비상구 |
| 関係者以外に立入禁止 | EMPLOYEES ONLY | 관계자 외 출입금지 |
| 面会謝絶 | DO NOT DISTURB | 면회사절 |
| 食堂 | DINING ROOM | 식당 |
| コーヒーショップ | COFFEE SHOP | 커피숍 |
| 観光ホテル | TOURIST HOTEL | 관광호텔 |
| メイド | MAID | 메이드 |
| 支配人 | MANAGER | 지배인 |
| ロビー | LOBBY | 로비 |

# PART 4

# 식사

식당 찾기·예약하기
식사 주문
식사를 하면서
술집에서
식당에서의 트러블
패스트푸드점에서
식비·술값 계산

Travel Information

# 식사에 관한 정보

## ✈ 일본 식당을 이용할 때 주의할 점

① 식당에 가면 오시보리라고 하는 물수건이 비닐봉지에 담겨 있거나 작은 받침 그릇에 놓여 있는데, 이것으로 식사하기 전에 손이나 얼굴을 닦는다.

② 일본 식당에서는 식사할 때 숟가락을 쓰지 않는다. 특히 국은 그릇을 왼손으로 들고, 오른손 젓가락으로 가볍게 저어가며 마신다.

③ 된장국이나 우동 등의 국물을 먹을 때 약간 소리를 내서 먹는 것이 어느 정도 허용된다.

④ 중국 식당을 제외하고 대부분 종이로 포장된 나무젓가락을 사용한다. 젓가락은 하시오키라고 하는 젓가락 받침대 위에 가로로 놓여 있다.

⑤ 나무 그릇에 담아 주는 면류의 식사는 한입에 넣을 만큼 집어서 입으로 가져가서 먹는다. 뜨거운 국물에 담긴 면류를 먹을 때는 그릇을 들고 국물을 마신다.

⑥ 일본식 식사의 경우 반찬으로 나오는 노란무, 야채, 생선 등의 양이 적은데, 만일 반찬을 더 시킬 경우 약 200~500엔 정도 추가 요금을 내야 한다.

⑦ 종업원의 도움이 필요할 때는 스미마셍(실례합니다)이라는 말로 부른다.

⑧ 식사하는 사람이 많아서 자리를 찾기 어려울 경우 종업원이나 주인에게 안내를 받는다.

## ✈ 이자카야

우리 국민 모두가 어렵던 시절, 동네 어귀에는 반드시라고 해도 좋을 만큼 「대폿집」이라는 간판을 단 선술집을 자주 볼 수 있었다. 한국의 선술집에 걸맞은 일본의 대중주점이 바로 「이자카야(居酒屋;いざかや)」이다.

## ✈ 회전초밥집

국내에서도 쉽게 찾아볼 수 있는 일식집 중의 하나가 바로 회전초밥집이지만, 회전초밥집의 원조가 바로 일본인만큼 일본에서도 어딜 가나 쉽게 찾아볼 수 있는 것이 가이텐즈시(회전초밥)집이다. 한국이나 일본이나 식당에서 느낄 수 있는 분위기는 비슷하다.

## ✈ 일본의 음식 종류

✦ **스시(寿司)** : 스시는 생선과 야채, 식초, 소금, 그리고 미림(조미료로 쓰는 쌀술)을 이용해 만든 요리로 간장에 찍어 먹는다. 오이, 무절임, 계란 오믈렛 등이 스시와 함께 나온다. 니기리(생선초밥)를 주문하면 한 번에 2개씩 나오고 세트 주문하는 것도 가능하다.

✦ **사시미(刺身)** : 이카(오징어), 히라메(광어), 다코(문어), 다이(도미) 등을 써서 만든 회요리. 사시미에 쓰는 재료와 요리 방법, 포를 뜨는 방법에 따라서 그 종류가 무진장이다. 특히 일본인들은 마구로(참치) 회를 즐겨 먹는다. 사시미는 간장과 와사비, 야쿠미 등의 양념에 찍어 먹는다.

✦ **쓰키다시(付き出し)** : 본요리가 나오기 전에 식욕을 촉진 시키기 위해서 제공되는 음식. 계절이나 본요리에 따라서 생선, 미역, 해삼, 달걀 두부, 죽순 두부 등 나오는 음식이 다양하다.

✦ **야키모노(焼き物)** : 석쇠나 철판, 꼬챙이 등에 구운 요리로 종류가 매우 다양하다. 양념 없이 불에 직접 구운 후 양념 간장을 곁들이는 시라야키(白焼き), 간장을 발라서 굽는 데리야키(照り焼き), 소금을 뿌려서 굽는 시오야키(塩焼き) 등이 있다.

✦ **스이모노(吸物)** : 장국과 된장국으로 대표되는 국을 말한다. 일본인들은 국을 수저로 떠먹지 않고 그릇째 들고 마신다.

✦ **스노모노(酢物)** : 설탕・식초・간장 등을 넣어 새콤하게 무친 초무침 요리. 서양의 샐러드와 비슷하다.

✦ **니모노(煮物)** : 다시마나 가다랭이포 국물에 육류, 어패류, 야채류 등을 넣고 조린 요리. 반찬과 술안주로 일본인들이 즐겨 먹는다.

✦ **소바(そぼ)** : 고구마 전분과 계란을 첨가해서 만든 메밀가루로 요리한 국수. 국물을 뜨겁게 해서 먹거나, 차가운 간장 국물에 조금씩 찍어서 먹기도 한다. 조미료로 파를 잘게 썰어서 넣거나 다른 양념을 넣어서 조리한다.

✦ **우동(うどん)** : 밀가루로 만든 일본 국수. 간장 국물에 담갔다가 먹거나 얇게 썬 파와 고춧가루를 넣은 뜨거운 국물에 말아 먹는다.

✦ **덴푸라(てんぷら)** : 해산물이나 야채 등의 재료에 계란을 섞어서 밀가루에 반죽해 식용유에 튀긴 것. 보통 간장에 찍어 먹는다.

✦ **스키야키(すきやき)** : 간장과 청주, 설탕 등의 양념에 얇게 저민 연한 고기 조각과 두부, 버섯, 파 등을 넣어 끓인 고기 야채 요리.

✦ **라멘(ラーメン)** : 우리나라의 라면과 비슷하지만 일본의 라멘은 인스턴트식품이 아니고 중국식 밀가루 국수를 간장이나 된장으로 양념한 국물에 말아서 먹는다. 얇게 저민 돼지고기, 콩나물, 죽순 등을 국물에 곁들여 먹기도 한다.

# UNIT 01

Travel Japanese

# 식당 찾기·예약하기

일본요리를 맛볼 수 있는 곳은 고급 레스토랑에서 저렴한 대중음식점에 이르기까지 다양하므로 자신의 취향대로 가면 됩니다. 일본의 대중식당의 경우 보통 바깥 쇼윈도우에 모형음식이 전시되어 있습니다. 일본요리는 우리와 거의 비슷한 재료를 사용해서 요리를 하지만, 대체로 맛이 달고 싱겁습니다.

가장 가까운 _____ 식당은 어디입니까?

Where is the nearest _____ restaurant?

最寄りの _____ レストランはどこですか。

모요리노 _____ 레스또랑와 도꼬데스까

| 한국 | Korean | 韓国 | 캉꼬꾸 |
| 일본 | Japanese | 日本 | 니혼 |
| 중국 | Chinese | 中国 | 츄-고꾸 |
| 프랑스 | French | フランス | 후란스 |

Q: 예약이 필요합니까?

Do we need a reservation?

**予約は必要ですか。**

요야꾸와 히쯔요-데스까

A: 아니오. 그냥 오셔도 됩니다.

No, sir. Walk right in.

**いいえ。予約なしでけっこうです。**

이-에. 요야꾸나시데 겍꼬-데스

## 식당을 찾을 때

□ 이 근처에 맛있게 하는 음식점은 없습니까?
Is there a good restaurant around here?

この近くにおいしいレストランはありませんか。

고노 치까꾸니 오이시- 레스또랑와 아리마셍까

□ 이곳에 한국 식당은 있습니까?
Do you have a Korean restaurant?

この町に韓国レストランはありますか。

고노 마찌니 캉꼬꾸 레스또랑와 아리마스까

□ 이 지방의 명물요리를 먹고 싶은데요.
I'd like to have a some local food.

この土地の名物料理が食べたいのです。

고노 토찌노 메-부쯔료-리가 다베따이노데스

□ 음식을 맛있게 하는 가게가 있으면 가르쳐 주세요.
Could you recommend a popular restaurant?

評判の店を教えてください。

효-반노 미세오 오시에떼 구다사이

□ 싸고 맛있는 가게는 있습니까?
Do you know a nice, reasonably-priced restaurant?

手頃な値段でおいしい店はありますか。

데고로나 네당데 오이시- 미세와 아리마스까

□ 가볍게 식사를 하고 싶은데요.
I'd like to have a light meal.

軽い食事をしたいのです。

가루이 쇼꾸지오 시따이노데스

식사 · 식당찾기 · 예약하기

- 이 시간에 문을 연 가게는 있습니까?
  Is there a restaurant open at this time?

  この時間に開いている店はありますか。

  고노 지깐니 아이떼이루 미세와 아리마스까

- (책을 보이며) 이 가게는 어디에 있습니까?
  Where is this restaurant?

  この店はどこにありますか。

  고노 미세와 도꼬니 아리마스까

- 이 지도 어디에 있습니까?
  Would you show me on this map?

  この地図のどこですか。

  고노 치즈노 도꼬데스까

- 걸어서 갈 수 있습니까?
  Can I get there on foot?

  歩いて行けますか。

  아루이떼 이께마스까

- 몇 시부터 엽니까?
  What time does it open?

  何時から開いていますか。

  난지까라 아이떼 이마스까

- 조용한 분위기의 레스토랑이 좋겠습니다.
  I'd like a quiet restaurant.

  静かな雰囲気のレストランがいいです。

  시즈까나 훙이끼노 레스또랑가 이-데스

❑ 붐비는 레스토랑이 좋겠습니다.
   I'd like a restaurant with a cheerful atmosphere.

   賑やかなレストランがいいです。
   니기야까나 레스또랑가 이-데스

❑ 식당이 많은 곳은 어디입니까?
   Where is the main area for restaurants?

   レストランが多いのはどの辺りですか。
   레스또랑가 오-이노와 도노 아따리데스까

❑ 로마라는 이탈리아 식당을 아십니까?
   Do you know an Italian restaurant called Roma?

   ローマという名前のイタリア料理店を知りませんか。
   로-마또이우 나마에노 이따리아 료-리뗑오 시리마셍까

❑ 이곳 사람들이 많이 가는 식당이 있습니까?
   Are there any restaurant where mostly local people go?

   地元の人がよく行くレストランはありますか。
   지모또노 히또가 요꾸 이꾸 레스또랑와 아리마스까

❑ 예약이 필요한가요?
   Do we need a reservation?

   予約は必要ですか。
   요야꾸와 히쯔요-데스까

식사

식당찾기 · 예약하기

## ✈ 식당 예약하기

□ 그 레스토랑을 예약해 주세요.
Make a reservation for the restaurant, please.

そのレストランに予約してください。

소노 레스또라니 요야꾸시떼 구다사이

□ 여기서 예약할 수 있나요?
Can we make a reservation here?

ここで予約できますか。

고꼬데 요야꾸 데끼마스까

□ 오늘밤 예약하고 싶은데요.
I'd like to make a reservation for tonight.

今晩、席を予約したいのです。

곰방, 세끼오 요야꾸 시따이노데스

□ (주인) 손님은 몇 분이십니까?
How large is your party?

お客様は何人ですか。

오캬꾸사마와 난닌데스까

□ 오후 6시 반에 5명이 갑니다.
Five persons at 6:30 p.m.

午後6時半に5人で行きます。

고고 로꾸지한니 고닌데 이끼마스

□ 전원 같은 자리로 해 주세요.
We'd like to have a table together.

全員いっしょの席でお願いします。

젠잉 잇쇼노 세끼데 오네가이시마스

134

□ 거기는 어떻게 갑니까?
How can I get there?

そちらへはどうやって行くのですか。
소찌라에와 도-얏떼 이꾸노데스까

□ (주인) 몇 시라면 좋으시겠습니까?
What times are available?

何時なら大丈夫ですか。
난지나라 다이죠-부데스까

□ 몇 시라면 자리가 납니까?
What time can we reserve a table?

何時なら席をとれますか。
난지나라 세끼오 도레마스까

□ 복장에 규제는 있습니까?
Is there a dress code?

服装について決まりはありますか。
후꾸소-니 쓰이떼 기마리와 아리마스까

□ 금연(흡연)석으로 부탁합니다.
We'd like a non-smoking(smoking) table.

禁煙(喫煙)席にしてください。
깅엔(기쯔엔)세끼니 시떼 구다사이

□ 미안합니다. 예약을 취소하고 싶습니다.
I'm sorry, but I want to cancel my reservation.

すみません、予約を取り消したいのです。
스미마셍 요야꾸오 도리께시따이노데스

식사

식당찾기 · 예약하기

# UNIT 02

Travel Japanese

## 식사 주문

식당으로 들어서면 종업원의 안내 따라 테이블이 정해지고 주문을 받게 됩니다. 메뉴를 보고 싶을 때는 종업원에게 メニューを見せてくれますか라고 하고, 주문할 요리가 정해지면 메뉴를 가리키며 これをください라고 하면 됩니다. 식사 중에 더 시킬 때는 먹고 손으로 가리키며 おかわりどうぞ라고 하면 됩니다.

[
_____ 을(를) 주세요.

_____ , please.

_____ をお願いします。

오 오네가이시마스
]

- ☐ 소고기덮밥    gyudon    **牛丼**    규-동
- ☐ 튀김    tempura    **てんぷら**    뎀뿌라
- ☐ 불고기    yakiniku    **焼肉**    야끼니꾸
- ☐ 전골    sukiyaki    **鋤焼**    스끼야끼

---

**Q: 주문하시겠습니까?**
Are you ready to order?

### ご注文はよろしいでしょうか。

고츄-몽와 요로시-데쇼-까

**A: 아직 정하지 않았습니다.**
Not yet.

### まだ決めていません。

마다 기메떼 이마셍

### ✈ 자리에 앉을 때까지

□ **안녕하세요. 예약은 하셨습니까?**
Good evening. Do you have a reservation?

こんばんは。ご予約はいただいていますか。
곰방와. 고요야꾸와 이따다이떼 이마스까

□ **6시에 예약한 홍길동입니다.**
My name is Kil-dong Hong. I have a reservation at six.

6時に予約しているホンギルドンです。
로꾸지니 요야꾸시떼 이루 홍기루동데스

□ **예약을 하지 않았습니다.**
We don't have a reservation.

予約はしておりません。
요야꾸와 시떼 오리마셍

□ **몇 분이십니까?**
How many in your party?

何名様ですか。
남메-사마데스까

□ **안내해드릴 때까지 기다려 주십시오.**
Please wait to be seated.

ご案内するまでお待ちください。
고안나이스루마데 오마찌 구다사이

□ **조용한 안쪽 자리로 부탁합니다.**
We'd like to have a table in a quiet corner.

静かな奥の席にお願いします。
시즈까나 오꾸노 세끼니 오네가이시마스

식사

식사 주문

### ✈ 메뉴를 볼 때

□ 메뉴 좀 보여 주세요.
May I see the menu?

メニューを見せてください。
메뉴-오 미세떼 구다사이

□ 한국어 메뉴는 있습니까?
Do you have a menu in Korean?

韓国語メニューはありますか。
캉꼬꾸고 메뉴-와 아리마스까

□ 메뉴에 대해서 가르쳐 주세요.
Would you help me with this menu?

メニューについて教えてください。
메뉴-니 쓰이떼 오시에떼 구다사이

□ 이 지방의 명물요리는 있습니까?
Do you have any local dishes?

この地方の名物料理はありますか。
고노 치호-노 메-부쯔료-리와 아리마스까

□ 무엇을 권하시겠습니까?
What do you recommend?

何がおすすめですか。
나니가 오스스메데스까

□ 나중에 다시 오실래요?
Could you come back later?

またあとで来てもらえますか。
마따 아또데 기떼 모라에마스까

138

### ✈ 주문할 때

☐ (웨이터) 주문하시겠습니까?
　Are you ready to order?

　ご注文をおうかがいできますか。
　고츄–몽오 오우까가이 데끼마스까

☐ 잠깐 기다려 주세요.
　We need a little more time.

　もうちょっと待ってください。
　모– 춋또 맛떼 구다사이

☐ (웨이터를 부르며) 주문받으세요.
　We need ready to order.

　注文をしたいのですが。
　츄–몽오 시따이노데스가

☐ (웨이터) 음료는 무엇으로 하시겠습니까?
　What would you like to drink?

　飲み物は何になさいますか。
　노미모노와 나니니 나사이마스까

☐ 이것으로 부탁합니다.
　I'll take this one.

　これをお願いします。
　고레오 오네가이시마스

☐ 여기서 잘하는 요리는 무엇입니까?
　What is the specialty of the house?

　ここの自慢料理は何ですか。
　고꼬노 지만료–리와 난데스까

식사

식사 주문

- 오늘 특별 요리가 있습니까?
  Do you have today's special?

  本日の特別料理はありますか。
  ほんじつ　とくべつりょうり

  혼지쯔노 토꾸베쯔료-리와 아리마스까

- (메뉴를 가리키며) 이것과 이것으로 주세요.
  This and this, please.

  これとこれをお願いします。
  ねが

  고레또 고레오 오네가이시마스

- 저도 같은 것으로 주세요.
  I'll have the same.

  私にも同じ物をお願いします。
  わたし　　おな　もの　　ねが

  와따시니모 오나지모노오 오네가이시마스

- 빨리 되는 것은 있습니까?
  Do you have anything ready quickly?

  何か早くできる物はありますか。
  なに　はや　　　　もの

  나니까 하야꾸 데끼루 모노와 아리마스까

- 저것과 같은 요리를 주시겠어요?
  Can I have the same dish as that?

  あれと同じ料理をください。
  おな　りょうり

  아레또 오나지 료-리오 구다사이

- 빨리 됩니까?
  Can I have it right away?

  すぐできますか。

  스구 데끼마스까

❏ 이것은 무슨 요리입니까?
  What kind of dish is this?

  これはどういう料理ですか。
  고레와 도-이우 료-리데스까

❏ 어떤 요리인지 설명해 주시겠어요?
  Can you explain this dish?

  どんな料理か説明してもらえますか。
  돈나 료-리까 세쯔메-시떼 모라에마스까

❏ 요리재료는 뭡니까?
  What are the ingredients?

  食材は何ですか。
  쇼꾸자이와 난데스까

❏ 이건 맵습니까?
  Is this spicy?

  これは辛いですか。
  고레와 카라이데스까

❏ (웨이터) 다른 주문은 없으십니까?
  Anything else?

  ほかにご注文はございますか。
  호까니 고츄-몽와 고자이마스까

❏ 디저트는 어떻게 하시겠습니까?
  What would you like to have for dessert?

  デザートはいかがなさいますか。
  데자-또와 이까가 나사이마스까

식사

식사 주문

## 요리

| | |
|---|---|
| 한국요리 | 韓国料理(かんこくりょうり) [캉꼬꾸료-리] |
| 일본요리 | 日本料理(にほんりょうり) [니혼료-리] |
| 중국요리 | 中華料理(ちゅうかりょうり) [츄-까료-리] |
| 양식 | 洋食(ようしょく) [요-쇼꾸] |
| 생선요리 | 魚料理(さかなりょうり) [사까나료-리] |
| 고기요리 | 肉料理(にくりょうり) [니꾸료-리] |

## 식당

| | |
|---|---|
| 테이블 | テーブル [테-부루] |
| 좌석 | 座席(ざせき) [자세끼] |
| 의자 | 椅子(いす) [이스] |
| 메뉴 | メニュー [메뉴-] |
| 주문 | 注文(ちゅうもん) [츄-몽] |
| 물 | 水(みず) [미즈] |
| 따뜻한 물 | お湯(ゆ) [오유] |
| 야채 | 野菜(やさい) [야사이] |
| 과일 | 果物(くだもの) [구다모노] |
| 소금 | 塩(しお) [시오] |
| 간장 | 醬油(しょうゆ) [쇼-유] |
| 물수건 | おしぼり [오시보리] |
| 이쑤시개 | 楊枝(ようじ) [요-지] |
| 재떨이 | 灰皿(はいざら) [하이자라] |
| 나이프 | ナイフ [나이후] |
| 포크 | フォーク [휘-쿠] |
| 스푼 | スプーン [스푸-ㄴ] |
| 밥그릇 | 茶碗(ちゃわん) [차왕] |
| 접시 | 皿(さら) [사라] |
| 찻주전자 | 急須(きゅうす) [큐-스] |
| 찻잔 | 湯呑(ゆのみ) [유노미] |

## 전 골

| | |
|---|---|
| 스키야키 | すきやき [스끼야끼] |
| 계란 | 卵(たまご) [다마고] |
| (전골)육수 | 割下(わりした) [와리시따] |
| 파 | ねぎ [네기] |
| 냄비 | 鍋(なべ) [나베] |
| 두부 | 豆腐(とうふ) [토-후] |
| 표고버섯 | 椎茸(しいたけ) [시이타께] |
| 소고기 | 牛肉(ぎゅうにく) [규-니꾸] |
| 밥 | ご飯(はん) [고항] |
| 젓가락 | おはし [오하시] |
| 숟가락 | おさじ [오사지] |

## 튀 김

| | |
|---|---|
| 튀김 | てんぷら [템뿌라] |
| 새우 | えび [에비] |
| 야채 | 野菜(やさい) [야사이] |
| 무즙 | 大根(だいこん)おろし [다이꽁오로시] |
| 튀김간장 | 天(てん)つゆ [텐쓰유] |
| 절임 | 漬物(つけもの) [쓰께모노] |
| 일본차 | お茶(ちゃ) [오쨔] |
| 된장국 | 味噌汁(みそしる) [미소시루] |

## 초 밥

| | |
|---|---|
| 초밥 | 寿司(すし) [스시] |
| 참치 | まぐろ [마구로] |
| 참치 복부살 | とろ [도로] |
| 연어알 | いくら [이꾸라] |
| 오징어 | いか [이까] |
| 붕장어 | あなご [아나고] |
| 오이김밥 | かっぱ [갑빠] |
| 참치김밥 | 鉄火(てっか) [텍까] |
| 고추냉이 | わさび [와사비] |

# UNIT 03 | Travel Japanese

## 식사를 하면서

일본 식당에서는 식사할 때 숟가락을 쓰지 않습니다. 특히 국은 그릇을 왼손으로 들고, 오른손 젓가락으로 가볍게 저어가며 마시며, 된장국이나 우동 등의 국물을 먹을 때 약간 소리를 내어서 먹는 것이 어느 정도 허용됩니다. 종업원의 도움이 필요할 때는 'すみません。(실례합니다.)'이라는 말로 부르면 됩니다.

[ 여보세요! _____ 좀 갖다 주시겠어요?
Could I have some _____ , please? ]

**すみません。_____ をお願いします。**
스미마셍 　　　　　　　　　　　오 오네가이시마스

| | | | |
|---|---|---|---|
| □ 소금 | salt | 塩 | 시오 |
| □ 후춧가루 | pepper | こしょう | 코쇼- |
| □ 간장 | soybean sauce | 醤油 | 쇼-유 |
| □ 설탕 | sugar | 砂糖 | 사또- |

### Q : 여기요. 웨이터!
Excuse me. Waiter!

**すみません。ウェイターさん!**

스미마셍. 웨이따-상

### A : 네, 무슨 일입니까?
Yes. Can I help you?

**はい。何でしょうか?**

하이. 난데쇼-까

## ✈ 먹는 법·재료를 물을 때

□ 먹는 법을 가르쳐 주시겠어요?
Could you tell me how to eat this?

### 食べ方を教えてください。
다베까따오 오시에떼 구다사이

□ 이건 어떻게 먹으면 됩니까?
How do I eat this?

### これはどうやって食べたらいいですか。
고레와 도-얏떼 다베따라 이-데스까

□ 이 고기는 무엇입니까?
What kind of meat is this?

### このお肉は何ですか。
고노 오니꾸와 난데스까

□ 이것은 재료로 무엇을 사용한 겁니까?
What are the ingredients for this?

### これは材料に何を使っているのですか。
고레와 자이료-니 나니오 쓰깟떼 이루노데스까

## ✈ 필요한 것을 부탁할 때

□ 빵을 좀더 주세요.
Can I have more bread?

### もう少しパンをください。
모- 스꼬시 팡오 구다사이

□ 디저트 메뉴는 있습니까?
Do you have a dessert menu?

### デザートメニューはありますか。
데자-또 메뉴-와 아리마스까

□ 물 한 잔 주세요.
I'd like a glass of water, please.

水を一杯ください。
미즈오 입빠이 구다사이

□ 소금 좀 갖다 주시겠어요?
Could I have some salt, please?

塩をいただけますか。
시오오 이따다께마스까

□ 젓가락을 떨어뜨렸습니다.
I dropped my chopsticks.

箸を落としてしまいました。
하시오 오또시떼 시마이마시다

□ 나이프(포크)를 떨어뜨렸습니다.
I dropped my knife(fork).

ナイフ(フォーク)を落としてしまいました。
나이후(훠-꾸)오 오또시떼 시마이마시다

□ ~을 추가로 부탁합니다.
I'd like to order some more~.

~おかわりお願いします。
~오까와리 오네가이 시마스

### ✈ 디저트·식사를 마칠 때

□ 디저트를 주세요.
I'd like a dessert, please.

デザートをください。
데자-또오 구다사이

- ❏ 디저트는 뭐가 있나요?
  What do you have for dessert?

  デザートは何がありますか。
  데자-또와 나니가 아리마스까

- ❏ (디저트를 권할 때) 아뇨, 됐습니다.
  No, thank you.

  いいえ、結構です。
  이-에, 겍꼬-데스

- ❏ 이걸 치워주시겠어요?
  Could you please take this away?

  これを下げてください。
  고레오 사게떼 구다사이

- ❏ (맛은) 어떠십니까?
  Is everything all right?

  いかがですか。
  이까가데스까

- ❏ 맛있는데요!
  This is good!

  これはおいしいです。
  고레와 오이시-데스

- ❏ (동석한 사람에게) 담배를 피워도 되겠습니까?
  May I smoke?

  タバコを吸ってもいいですか。
  다바꼬오 슷떼모 이-데스까

# UNIT 04

Travel Japanese

## 술집에서

무엇이든 공통의 체험을 하면 할수록 친밀감은 한층 더 깊어집니다. 一杯いかがらで 권하며 잠깐 한 잔 하는 것도 일본어를 할 수 있는 좋은 기회입니다. 일본은 한국 과는 달리 술을 권할 때는 한손으로 따라도 됩니다. 그리고 상대방의 잔에 술이 조금 남아 있을 때는 첨잔하는 것도 한국과는 크게 다른 점입니다.

[ _____ 을(를) 주시겠어요?
May I have a _____ , please? ]

[ _____ をお願いします。
오 오네가이 시마스 ]

- ☐ 맥주   beer       ビール      비-루
- ☐ 와인   wine       ワイン      와잉
- ☐ 위스키  whiskey    ウイスキー  우이스끼-
- ☐ 스카치  scotch     スコッチ    스콧치

Q: 와인은 어떠십니까?
Would you care for wine?

### ワインはいかがですか。

와잉와 이까가데스까

A: 와인 목록은 있습니까?
Do you have a wine list?

### ワインリストはありますか。

와인 리스또와 아리마스까

## ✈ 술을 주문할 때

☐ 이 요리에는 어느 와인이 맞습니까?
Which wine goes with this dish?

この料理にはどのワインが合いますか。
고노 료-니와 도노 와잉가 아이마스까

☐ 글라스로 주문됩니까?
Can I order it by the glass?

グラスで注文できますか。
구라스데 츄-몬 데끼마스까

☐ 레드와인을 한 잔 주세요.
I'd like a glass of red wine.

赤ワインを一杯ください。
아까와잉오 입빠이 구다사이

☐ 생맥주는 있습니까?
Do you have a draft beer?

生ビールはありますか。
나마비-루와 아리마스까

☐ 식사하기 전에 무슨 마실 것을 드릴까요?
Would you care for something to drink before dinner?

食事の前に何かお飲み物はいかがですか。
쇼꾸지노 마에니 나니까 오노미모노와 이까가데스까

☐ 이 지방의 독특한 술입니까?
Is it a local alcohol?

この土地の特有のお酒ですか。
고노 토찌노 토꾸유-노 오사께데스까

식사 / 술집에서

- 어떤 맥주가 있습니까?
  What kind of beer do you have?

  ## どんなビールがありますか。
  돈나 비-루가 아리마스까

- (웨이터) 음료는 어떻게 하시겠습니까?
  Anything to drink?

  ## お飲み物はどうなさいますか。
  오노미모노와 도- 나사이마스까

- 물만 주시겠어요?
  Can I just have water, please?

  ## 水でけっこうです。
  미즈데 겍꼬-데스

- 뭔가 먹을 것은 없습니까?
  Do you have something to eat?

  ## 何か食べる物はありますか。
  나니까 다베루 모노와 아리마스까

- 어떤 술입니까?
  What kind of alcohol is it?

  ## どんなお酒ですか。
  돈나 오사께데스까

- 가벼운 술이 좋겠습니다.
  I'd like a light alcohol.

  ## 軽いお酒がいいです。
  가루이 오사께가 이-데스

### ✈ 술을 마실 때

□ 맥주가 별로 차갑지 않네요.
The beer isn't cool enough.

ビールがあまり冷えていません。
비-루가 아마리 히에떼 이마셍

□ 건배!
Cheers!

乾杯!
감빠이

□ 한 잔 더 주세요.
Another one, please.

もう一杯ください。
모- 입빠이 구다사이

□ 한 병 더 주세요.
May I have another one?

もう一本おかわりください。
모- 입뽕 오까와리 구다사이

□ 생수 좀 주세요.
I'll have a mineral water.

ミネラルウォーターをください。
미네라루 워-따-오 구다사이

□ 제가 내겠습니다.
It's on me, please.

私におごらせてください。
와따시니 오고라세떼 구다사이

# UNIT 05

## Travel Japanese

# 식당에서의 트러블

테이블에 앉을 때는 오른손으로 의자를 잡아당겨 왼쪽에서 앉습니다. 테이블에는 각 담당의 웨이터가 정해져 있으므로 무언가를 부탁하거나 식사 중에 문제가 발생하면 먼저 담당 웨이터를 부릅니다. 식사 중에 나이프나 포크를 떨어뜨렸으면 자신이 줍지 말고 웨이터를 불러 다시 가져오도록 합니다.

---

[ 이건 너무 _____ 니다. ]

I think this is a little too _____

**これは少し _____ すぎます。**

고레와 스꼬시 _____ 스기마스

| | | | |
|---|---|---|---|
| ☐ 짜다 | salty | **塩辛い** | 시오카라이 |
| ☐ 달다 | sweet | **甘い** | 아마이 |
| ☐ 맵다 | hot | **辛い** | 카라이 |
| ☐ 시다 | sour | **酸っぱい** | 습빠이 |

---

**Q:** 이건 주문하지 않았는데요.

I didn't order this.

**これは注文していませんが。**

고레와 츄-몬시떼 이마셍가

**A:** 아, 그렇습니까?

You didn't, sir?

**あ、さようでございましたか。**

아, 사요-데 고자이마시다까

152

### ✈ 요리가 늦게 나올 때

□ **주문한 게 아직 안 나왔습니다.**
My order hasn't come yet.

注文したものが来ていません。
츄-몬시따 모노가 기떼 이마셍

□ **어느 정도 기다려야 합니까?**
How long do we have to wait?

どのくらい待ちますか。
도노쿠라이 마찌마스까

□ **아직 시간이 많이 걸립니까?**
Will it take much longer?

まだだいぶ時間がかかりますか。
마다 다이부 지깡가 가까리마스까

□ **조금 서둘러 주겠어요?**
Would you rush my order?

少し急いでくれませんか。
스꼬시 이소이데 구레마셍까

□ **벌써 30분이나 기다리고 있습니다.**
I've been waiting for thirty minutes.

もう30分も待っています。
모- 산쥽뿜모 맛떼 이마스

□ **커피를 두 잔 부탁했는데요.**
I ordered two cups of coffee.

コーヒーを二つ頼んだのですが。
코-히-오 후따쯔 다논다노데스가

식사 — 식당에서의 트러블

## ✈ 주문을 취소하거나 바꿀 때

☐ **이건 주문하지 않았는데요.**
I don't think I ordered this.

これは注文していませんが。

고레와 츄-몬시떼 이마셍가

☐ **주문을 확인해 주겠어요?**
Can you please check my order?

注文を確かめてください。

츄-몽오 다시까메떼 구다사이

☐ **주문을 취소하고 싶은데요.**
I want to cancel my order.

注文をキャンセルしたいのですが。

츄-몽오 캰세루 시따이노데스가

☐ **주문을 바꿔도 되겠습니까?**
Can I change my order?

注文を変えてもいいですか。

츄-몽오 가에떼모 이-데스까

☐ **글라스가 더럽습니다.**
The glass isn't clean.

グラスが汚れています。

구라스가 요고레떼 이마스

☐ **새 것으로 바꿔 주세요.**
Please change this for new one.

新しいのと取り替えてください。

아따라시-노또 도리까에떼 구다사이

## 요리에 문제가 있을 때

☐ 수프에 뭐가 들어있습니다.
There's something in the soup.

スープに何か入っています。
수-뿌니 나니까 하잇떼 이마스

☐ 요리가 덜 된 것 같네요.
This is not cooked enough.

ちょっと火が通っていないようですが。
촛또 히가 도옷떼 이나이 요-데스가

☐ 이 스테이크는 너무 구워졌어요.
I think this steak is overdone.

このステーキは焼きすぎです。
고노 스떼-끼와 야끼스기데스

☐ 홍차가 식었습니다.
This isn't hot enough.

紅茶が冷めています。
코-짜가 사메떼 이마스

☐ 이 요리를 데워 주세요.
Please warm this dish up.

この料理を温めてください。
고노 료-리오 아따따메떼 구다사이

☐ 너무 많아서 먹을 수 없습니다.
It is more than I can eat.

ちょっと多すぎて食べられません。
촛또 오-스기떼 다베라레마셍

식사 식당에서의 트러블

# UNIT 06

## Travel Japanese

## 패스트푸드점에서

패스트푸드는 레스토랑보다도 훨씬 가볍게 이용할 수 있습니다. 그 자리에서 만들어 주는 샌드위치나 핫도그, 포테이토칩 등은 시간이 없을 때 간단히 먹을 수 있는 것들 입니다. 그 자리에서 먹을 때는 ここで食べますみ라고 하고, 가지고 나갈 때는 持って帰ります라고 하면 됩니다.

[
_____ 와(과) 미디엄 콜라 주세요.

_____ and a medium coke, please.

_____ とコーラのMをください。

또 코-라노 에무오 구다사이
]

| | | | |
|---|---|---|---|
| ☐ 햄버거 | hamburger | ハンバーガー | 함바-가 |
| ☐ 포테이토 | French fries | フライドポテト | 후라이도 포테또 |
| ☐ 피자 | pizza | ピザ | 피자 |
| ☐ 프라이드치킨 | fried chicken | フライドチキン | 후라이도 치킨 |

Q: 여기서 드시겠습니까, 아니면 포장을 해드릴까요?

For here or to go?

### こちらで召し上がりますか、それともお持ち帰りですか。

고찌라데 메시아가리마스까, 소레또모 오모찌카에리데스까

A: 포장 해 주세요.

To go. (Take out.)

### 持って帰ります。

못떼 가에리마스

## ✈ 패스트푸드를 주문할 때

☐ 이 근처에 패스트푸드점은 있습니까?
Is there a fastfood store around here?

### この近くにファーストフード店はありますか。
고노 치까꾸니 화-스또후-도뗑와 아리마스까

☐ 햄버거하고 커피 주시겠어요?
Can I have a hamburger and a coffee, please?

### ハンバーガーとコーヒーをください。
함바-가-또 코-히-오 구다사이

☐ 겨자를 (많이) 발라 주세요.
With (a lot of) mustard, please.

### マスタードを(たっぷり)つけてください。
마스따-도오 (답뿌리) 쓰께떼 구다사이

☐ 어디서 주문합니까?
Where do I order?

### どこで注文するのですか。
도꼬데 츄-몬스루노데스까

☐ 2번 세트로 주세요.
I'll take the number two combo.

### 2番セットをお願いします。
니반 셋또오 오네가이시마스

☐ 어느 사이즈로 하시겠습니까?
Which size would you like?

### どのサイズにしますか。
도노 사이즈니 시마스까

식사 — 패스트푸드점에서

- ❑ L(M/S) 사이즈를 주세요.
  Large(Medium/Small), please.

  L(M/S) サイズをお願いします。
  에루(에무/에스) 사이즈오 오네가이시마스

- ❑ 마요네즈는 바르겠습니까?
  Would you like mayonnaise?

  マヨネーズは付けますか。
  마요네즈와 쓰께마스까

- ❑ 아니오, 됐습니다.
  No, thank you.

  いいえ、結構です。
  이-에, 겍꼬-데스

- ❑ 이것을 주세요.
  I'll try it.

  これをください。
  고레오 구다사이

- ❑ 샌드위치를 주세요.
  A sandwich, please.

  サンドイッチをください。
  산도잇찌오 구다사이

- ❑ 케첩을 주세요.
  With ketchup, please.

  ケチャップをお願いします。
  켓챱뿌오 오네가이시마스

- (재료를 가리키며) 이것을 샌드위치에 넣어 주세요.
  Put this in the sandwich, please.

  これをサンドイッチに入れてください。
  고레오 산도잇찌니 이레떼 구다사이

### ✈ 주문을 마칠 때

- (주문은) 전부입니다.
  That's all.

  これで全部です。
  고레데 젬부데스

- 여기서 드시겠습니까, 아니면 가지고 가실 겁니까?
  For here or to go?

  こちらで召し上がりますか、それともお持ち帰りですか。
  고찌라데 메시아가리마스까, 소레또모 오모찌카에리데스까

- 여기서 먹겠습니다.
  I'll eat here.

  ここで食べます。
  고꼬데 다베마스

- 가지고 갈 거예요.
  To go(Take out), please.

  持って帰ります。
  못떼 가에리마스

- 이 자리에 앉아도 되겠습니까?
  Can I sit here?

  この席に座ってもいいですか。
  고노 세끼니 스왓떼모 이-데스까

식사 / 패스트푸드점에서

# ロ ファスト・フードのたべもの (패스트푸드 음식)
화스토·후-도노 다베모노

**햄버거**
hamburger
ハンバーガー
함바-가-

**핫도그**
hot dog
ホットドッグ
홋또독그

**피자**
pizza
ピザ
피자

**프라이드 포테이토**
French fries
フライド・ポテト
후라이도 포떼또

**프라이드 치킨**
fried chicken
フライド・チキン
후라이도 치킹

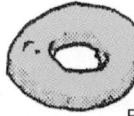

**도넛**
doughnut
ドーナツ
도-나쯔

**아이스크림**
ice cream
アイスクリーム
아이스쿠리-무

**비스킷**
biscuit
ビスケット
비스켓또

**샐러드**
salad
サラダ
사라다

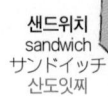

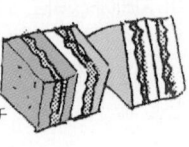

**샌드위치**
sandwich
サンドイッチ
산도잇찌

## 調味料(ちょうみりょう) 쵸-미료- / 조미료

**케첩**(ketchup)
ケチャップ
케챱뿌

**머스터드**(mustard)
からし
카라시

**후추**(pepper)
こしょう
코-쇼-

**간장**(soy sauce)
醤油(しょうゆ)
쇼-유

**설탕**(sugar)
砂糖(さとう)
사또-

**소금**(salt)
塩(しお)
시오

**버터**(butter)
バター
바따-

**마가린**(margarine)
マーガリン
마-가링

## のみもの 노미모노 / 음료

**커피**(coffee)
コーヒー
코-히-

**주스**(juice)
ジュース
쥬-스

**(커피용)밀크**(milk)
ミルク
미루꾸

**차**(tea)
紅茶(こうちゃ)
코-쨔

**콜라**(coke)
コーラ
코-라

**우유**(milk)
牛乳(ぎゅうにゅう)
규-뉴-

**뜨거운 초콜릿**
(hot chocolate)
ホット・チョコレート
홋또 쵸코레-또

# UNIT 07

## 식비 · 술값 계산

식사가 끝나면 손을 들어서 すみません라고 웨이터 나 웨이트리스를 불러 お勘定をお願いします라고 계산서를 부탁합니다. 계산서에 세금과 봉사료가 포함되어 있는 경우에 팁은 필요 없습니다. 신용카드로 계산을 하고 싶을 때는 クレジットカードで支払えますか라고 하면 됩니다.

[ 
_____ 은(는) 포함되어 있나요?
Is _____ included?

_____ は含まれていますか。
와 후꾸마레떼 이마스까
]

- 봉사료    service charge    **サービス料**    사-비스료-
- 팁    the tip    **チップ**    칩뿌
- 커피값    coffee charge    **コーヒー代**    코-히-다이
- 자릿세    seat charge    **席代**    세끼다이

### Q: 더 필요하신 게 있습니까?
Can I get you anything else?

**他に何かいかがですか。**

호까니 나니까 이까가데스까

### A: 계산을 부탁합니다.
Just the bill, please.

**お勘定をお願いします。**

오칸죠-오 오네가이시마스

### ✈ 지불방법을 말할 때

□ 매우 맛있었습니다.
It was very good.

とてもおいしかったです。
도떼모 오이시깟따데스

□ 여기서 지불할 수 있나요?
Can I pay here?

ここで払えますか。
고꼬데 하라에마스까

□ 어디서 지불하나요?
Where shall I pay the bill?

どこで払うのですか。
도꼬데 하라우노데스까

□ 따로따로 지불하고 싶은데요.
Separate checks, please.

別々に支払いをしたいのですが。
베쯔베쯔니 시하라이오 시따이노데스가

□ 제가 모두 내겠습니다.
I'll take care of the bill.

私がまとめて払います。
와따시가 마또메떼 하라이마스

□ 제 몫은 얼마인가요?
How much is my share?

私の分はいくらですか。
와따시노 붕와 이꾸라데스까

식사 식비·술값 계산

□ 팁은 포함되어 있습니까?
Is the tip included?

チップは含まれていますか。
칩뿌와 후꾸마레떼 이마스까

□ 제가 내겠습니다.
It's on me.

私のおごりです。
와따시노 오고리데스

□ 신용카드도 받나요?
Do you accept credit cards?

クレジットカードで支払えますか。
쿠레짓또카ー도데 시하라에마스

□ 현금으로 낼게요.
I'd like to pay in cash.

現金で払います。
겡낀데 하라이마스

### ✈ 계산할 때

□ 계산해 주세요.
Check, please.

お勘定お願いします。
오깐죠ー 오네가이시마스

□ 전부해서 얼마입니까?
How much is it altogether?

全部でおいくらですか。
젬부데 오이꾸라데스까

□ 이 요금은 무엇입니까?
What's this charge for?

この料金は何ですか。

고노 료-낑와 난데스까

□ 계산서를 나눠 주시겠어요?
Could we have separate checks?

計算書は分けていただけますか。

게-산쇼와 와께떼 이따다께마스까

□ 계산이 틀린 것 같습니다.
I'm afraid the check is wrong.

計算が違っているようです。

게-상가 치갓떼이루 요-데스

□ 봉사료는 포함되어 있습니까?
Is it including the service charge?

サービス料は入っていますか。

사-비스료-와 하잇떼 이마스까

□ 영수증을 주세요.
May I have the receipt, please?

領収書をください。

료-슈-쇼오 구다사이

□ 거스름돈이 틀린 것 같은데요.
I think you gave me the wrong change.

おつりが違っているようですが。

오쓰리가 치갓떼이루 요-데스가

| 패스트푸드 | |
| --- | --- |
| 콜라 | コーラ [코-라] |
| 햄버거 | ハンバーガー [함바-가-] |
| 샌드위치 | サンドイッチ [산도잇찌] |
| 감자튀김 | フライドポテト [후라이도포떼또] |
| 주스 | ジュース [쥬-스] |
| 커피 | コーヒー [코-히-] |
| 냅킨 | 紙(かみ)ナプキン [가미나뿌낀] |
| 프라이드치킨 | フライドチキン [후라이도 치킨] |

| 일본에서 먹을 수 있는 한국음식 | |
| --- | --- |
| 불고기 | プルゴギ |
| 갈비구이 | カルビクイ |
| 육개장 | ユッケジャン |
| 갈비탕 | カルビタン |
| 곰탕 | コムタン |
| 삼계탕 | サンゲタン |
| 김치찌개 | キムチチゲ |
| 된장찌개 | トウェンジャンチゲ |
| 비빔밥 | ピビンパブ |
| 돌솥비빔밥 | ドルソッピビンパブ |
| 비빔냉면 | ピビンネンミョン |
| 물냉면 | ムルネンミョン |
| 칼국수 | カルグッス |
| 자장면 | ジャヂャンミョン |
| 짬뽕 | チャンポン |
| 깍두기 | カットゥギ |
| 배추김치 | ペチュギムチ |
| 보쌈김치 | ポッサムキムチ |
| 물김치 | ムルキムチ |
| 고추장 | コチュジャン |

PART 5

# 교통

길을 물을 때
택시를 이용할 때
버스를 이용할 때
지하철·전철을 이용할 때
열차를 이용할 때
비행기를 이용할 때
렌터카를 이용할 때
차를 운전할 때

Travel Information

# 교통에 관한 정보

일본의 교통비는 세계에서 가장 비싸다. 하지만 그만큼 편리하고 신속 정확하다. 각 도시간의 이동은 대부분 JR열차로 편리하게 연결이 되며 시내버스 및 전차 등도 정해진 시간에 정확하게 이용할 수가 있다. 택시 또한 언제 어디서나 편리하게 이용할 수가 있으므로 교통에 대한 불편함은 느낄 수 없다.

## ✈ 열차

일본의 열차는 기능과 시설 면에서 세계 최고를 자랑하며 전국을 구석구석 완벽하게 연결하므로 일본을 처음 여행하는 사람도 열차를 이용하면 전혀 불편함을 느낄 수가 없다.

일본의 열차는 특실과 금연석, 자유석(自由席), 지정석(指定席)으로 구분이 되어 있다. 보통 앞쪽의 차량은 지정석, 뒤쪽 차량은 자유석으로 열차 바깥쪽 옆에 한자로 표시가 되어 있다. 지정석은 자신이 앉을 좌석이 정해져 있으며 자유석은 먼저 앉는 사람이 임자이다. 지정석을 원하면 역 안에 있는 티켓 파는 곳(미도리노 마도구찌)이나 여행사에서 원하는 시간대의 지정석 티켓을 받으면 된다.

## ✈ 택시

기본요금이 지역마다 다르며 대략 650엔(22시~05시 20% 할증)으로 무척 비싼 편이지만 버스 기본요금이 200엔 정도인 것을 감안하면 3~5명이 단거리를 이동할 때는 오히려 경제적이다.

일본의 택시는 합승이 없으며 탑승시간을 기준으로 미터기에 표시된 금액만 지불하면 된다. 모든 역이나 큰 거리에서는 쉽게 택시를 잡을 수가 있지만, 시간이 촉박하거나 택시 잡기가 어려울 때는 전화를 걸거나 내리기 전에 택시기사와 미리 약속을 해두면 정해진 시간에 편리하게 이용할 수 있다. 문은 자동으로 개폐가 되므로 손 댈 필요가 없다.

## 시내버스

버스는 기본요금이 160~180엔이지만 일정 구간마다 10~20엔씩 올라간다. 탈 때는 뒷문으로 타면서 뒷문 입구에서 정리권(整理券 ; 자신이 승차한 구역을 표시하는 번호가 적혀져 있다)을 뽑아서 내릴 때 운전석 머리 위에 표시된 금액(자신이 승차한 구역의 번호와 요금이 적혀있다)만큼 정리권과 함께 요금통에 넣으면 된다.

가능하면 잔돈을 준비하는 것이 좋으며 지폐를 낼 경우에는 버스기사에게 미리 말을 하고 반드시 지폐교환기(요금통에 부착되어 있으며 종류별로 잔돈이 나온다)에서 잔돈을 교환한 후 정확한 금액을 요금통에 넣어야 한다. 왜냐하면 우리나라처럼 운전사가 직접 잔돈을 거슬러주는 일은 거의 없기 때문이다.

## 전철과 지하철

우리나라에서는 전철과 지하철이 혼용되어 사용하고 있지만, 일본의 경우에는 지하철과 전철은 엄연히 구분되어 있다. 전철은 교외로 다니는 전기 철도를 의미하며, 지하철은 그야말로 지하로만 다니는 전기철도를 의미한다. 그 밖의 이용방법은 국내의 전철 이용방법과 대동소이하다.

전철과 지하철이 민영으로 운영되고 있는 만큼 각 노선별로 요금 체계도

다 틀리며 지하철에서 전철로 바꿔 타면 같은 노선이라도 표를 다시 끊어야 하므로 미리 갈 곳을 잘 확인하고 노선도 정확하게 체크해야 한다. 표는 주로 동전과 1,000엔짜리 지폐를 이용하여 자판기에서 끊는데 원하는 지역의 단추를 먼저 확인한 후 돈을 넣고 표를 사면된다.

## 관광버스

관광버스에는 일본어 안내원이 동행하여 그 지역 유명 관광지를 순환하는 정기 관광버스가 있다. 대부분 기차역 주변에서 출발하여 3시간, 반나절, 하루코스 등이 있다.

# UNIT 01 길을 물을 때

Travel Japanese

길을 물을 때 쓰이는 패턴으로는 …へ行く道を教えてくださいが 있습니다. 일본의 경우는 도로의 표지판이나 주소지 등이 명확하게 정리되어 있어 지도 한 장만 있어도 어디든 원하는 목적지에 혼자서도 찾아갈 수 있으므로, 만약 길을 잘 모르거나 잃었을 때는 지도를 펴 보이며 물어보면 됩니다.

[ 이 지도에서 _____ 은(는) 어디입니까?
Where is _____ on this map?

この地図で _____ はどこですか。

고노 치즈데 _____ 와 도꼬데스까 ]

☐ 여기   this place         ここ        고꼬
☐ 은행   the bank           銀行        깅꼬-
☐ 백화점 the department store デパート    데빠-또
☐ 미술관 the art museum     美術館      비쥬쓰깡

Q : 차이나타운으로 가는 길을 가르쳐 주시겠어요?
Please tell me how to get to Chinatown?

**チャイナタウンに行く道を教えてください。**

차이나타운니 이꾸 미찌오 오시에떼 구다사이

A : 저기입니다.
It's over there.

**あちらです。**

아찌라데스

## ✈ 길을 물을 때

❏ 저, 실례합니다!
Excuse me!

**すみません!**
스미마셍

❏ (지도를 가리키며) 여기는 어디에 있습니까?
Where are we now?

**ここはどこですか。**
고꼬와 도꼬데스까

❏ 실례합니다. 잠깐 여쭙겠습니다.
Excuse me. I have a question.

**すみません。ちょっとうかがいたいのですが。**
스미마셍 촛또 우까가이따이노데스가

❏ 백화점은 어디에 있습니까?
Where's the department store?

**デパートはどこにありますか。**
데빠-또와 도꼬니 아리마스까

❏ 여기는 무슨 거리입니까?
What street is this?

**ここは何という通りですか。**
고꼬와 난또이우 도-리데스까

❏ 곧장 가십시오.
Go straight.

**まっすぐに行ってください。**
맛스구니 잇떼 구다사이

- 저기서 오른쪽으로 도세요.
  Turn right there.

  あそこで右へ曲がってください。

  아소꼬데 미기에 마갓떼 구다사이

- 걸어서 몇 분 걸립니까?
  How many minutes by walking.

  歩いて何分かかりますか。

  아루이떼 남뿡 가까리마스까

- 박물관에는 어떻게 가면 됩니까?
  How can I get to the museum?

  博物館へ行くにはどうしたらいいでしょうか。

  하꾸부쯔깡에 이꾸니와 도-시따라 이-데쇼-까

- 역으로 가는 길을 가르쳐 주십시오.
  Please tell me the way to the station.

  駅までの道を教えてください。

  에끼마데노 미찌오 오시에떼 구다사이

- 여기에서 가깝습니까?
  Is it near here?

  ここから近いのですか。

  고꼬까라 치까이노데스까

- 거기까지 걸어서 갈 수 있습니까?
  Can I walk there?

  そこまで歩いて行けますか。

  소꼬마데 아루이떼 이께마스까

❏ 거기까지 버스로 갈 수 있습니까?
  Can I get there by bus?

  そこまでバスで行けますか。
  소꼬마데 바스데 이께마스까

❏ 거기에 가려면 택시밖에 없나요?
  Is a taxi the only way to get there?

  そこへ行くにはタクシーしかありませんか。
  소꼬에 이꾸니와 타꾸시-시까 아리마셍까

❏ 차이나타운은 멉니까?
  Is Chinatown far?

  チャイナタウンは遠いですか。
  챠이나타웅와 도-이데스까

❏ 거기까지 어느 정도 시간이 걸립니까?
  How long does it take?

  そこまでどのくらい時間がかかりますか。
  소꼬마데 도노쿠라이 지깡가 가까리마스까

❏ 이 주위에 지하철역이 있습니까?
  Is there a subway station around here?

  このあたりに地下鉄の駅はありますか。
  고노 아따리니 치까떼쯔노 에끼와 아리마스까

❏ 지도에 표시해 주시겠습니까?
  Would you mark it, please.

  地図にシルシをつけてください。
  치즈니 시루시오 쓰께떼 구다사이

### ✈ 길을 잃었을 때

□ **실례합니다! 여기는 무슨 거리입니까?**
Excuse me! What's this street?

すみません！これは何という通りですか。
스미마셍 고레와 난또이우 도-리데스까

□ **길을 잃었습니다.**
I got lost on my way.

道に迷ってしまいました。
미찌니 마욧떼 시마이마시다

□ **어디에 갑니까?**
Where are you going?

どこに行くのですか。
도꼬니 이꾸노데스까

□ **긴자로 가는 길입니다.**
We're going to Ginza.

銀座に行くところなんです。
긴자니 이꾸 도꼬로난데스

□ **이 길이 아닙니까?**
Am I on the wrong street?

この道は違うのですか。
고노 미찌와 치가우노데스까

□ **친절 베풀어 주셔서 감사합니다.**
It's very kind of you. Thank you.

ご親切にありがとうございました。
고신세쯔니 아리가또- 고자이마시다

### ✈ 길을 물어올 때

□ **미안합니다. 잘 모르겠습니다.**
I'm sorry. I don't know.
すみません。よくわかりません。
스미마셍 요꾸 와까리마셍

□ **저는 여행자입니다.**
I'm a tourist.
私は旅行者なのです。
와따시와 료꼬-샤나노데스

□ **저도 잘 모릅니다.**
I'm not sure myself.
私もよくわかりません。
와따시모 요꾸 와까리마셍

□ **다른 사람에게 물어보십시오.**
Please ask someone else.
だれかほかの人に聞いてください。
다레까 호까노 히또니 기이떼 구다사이

□ **저 사람에게 물어 보십시오.**
Ask the man over there.
あちらの人に聞いてください。
아찌라노 히또니 기이떼 구다사이

□ **지도를 가지고 있습니까?**
Do you have a map?
地図を持っていますか。
치즈오 못떼 이마스까

# UNIT 02

## Travel Japanese

# 택시를 이용할 때

급하거나 길을 잘 모를 때는 택시를 이용하는 게 편리합니다. 말이 통하지 않을 때는 가고 싶은 곳의 주소를 적어서 택시기사에게 주면 됩니다. 택시를 이용할 때는 …までお願いします라고 기사에게 말하면 목적지까지 실어다 줍니다. 목적지를 잘 모를 때는 주소를 보이며 この住所までお願いします라고 하면 됩니다.

[
_____ (으)로 가 주세요.

_____, please.

_____ へお願いします。
에 오네가이시마스
]

| | | | |
|---|---|---|---|
| □ 이 주소 | This address | この住所 | 고노 쥬-쇼 |
| □ 이곳 | This place | ここ | 고꼬 |
| □ 번화가 | Downtown | 繁華街 | 항까가이 |
| □ 우에노공원 | Ueno Park | 上野公園 | 우에노 코-엥 |

**Q**: 어디까지 모셔다드릴까요?
Where to?

### どちらまででしょうか。

도찌라마데데쇼-까

**A**: 번화가로 가 주세요.
Downtown, please.

### 繁華街へお願いします。

항까가이에 오네가이시마스

176

## ✈ 택시를 잡을 때

☐ 택시승강장은 어디에 있습니까?
Where's the taxi stand?

### タクシー乗り場はどこですか。
타꾸시-노리바와 도꼬데스까

☐ 어디서 택시를 탈 수 있습니까?
Where can I get a taxi?

### どこでタクシーに乗れますか。
도꼬데 타꾸시-니 노레마스까

☐ 어디서 기다리고 있으면 됩니까?
Where should we wait?

### どこで待っていればいいですか。
도꼬데 맛떼 이레바 이-데스까

☐ 택시!
Taxi!

### タクシー!
타꾸시-

## ✈ 택시를 탈 때

☐ 우리들 모두 탈 수 있습니까?
Can we all get in the car?

### 私たちは全員乗れますか。
와따시다찌와 젠인 노레마스까

☐ 트렁크를 열어 주시겠어요?
Would you open the trunk?

### トランクを開けてください。
토랑꾸오 아께떼 구다사이

- ☐ (주소를 보이며) 이 주소로 가 주세요.
  Take me to this address, please.

  ここへ行ってください。
  고꼬에 잇떼 구다사이

- ☐ 도쿄돔으로 가 주세요.
  To Tokyo Dome, please.

  東京ドームに行ってください。
  도-꾜-도-무니 잇떼 구다사이

- ☐ 서둘러 주시겠어요?
  Could you please hurry?

  急いでいただけますか。
  이소이데 이따다께마스까

- ☐ 9시까지 도착할 수 있을까요?
  Can I get there by nine?

  9時までに着くでしょうか。
  구지마데니 쓰꾸데쇼-까

- ☐ 가장 가까운 길로 가 주세요.
  Take the shortest way, please.

  いちばん近い道で走ってください。
  이찌반 치까이 미찌데 하싯떼 구다사이

- ☐ 좀더 천천히 가 주세요.
  Could you drive more slowly?

  もっとゆっくり走ってください。
  못또 육꾸리 하싯떼 구다사이

## ✈ 택시에서 내릴 때

□ 여기서 세워 주세요.
Stop here, please.

ここで止めてください。
고꼬데 도메떼 구다사이

□ 다음 신호에서 세워 주세요.
Please stop at the next light.

次の信号で止めてください。
쓰기노 싱고-데 도메떼 구다사이

□ 좀더 앞까지 가주세요.
Could you pull up a little further?

もう少し先まで行ってください。
모- 스꼬시 사끼마데 잇떼 구다사이

□ 여기서 기다려 주시겠어요?
Would you wait for me here?

ここで待ってもらえませんか。
고꼬데 맛떼 모라에마셍까

□ 얼마입니까?
How much is it?

おいくらですか。
오이꾸라데스까

□ 거스름돈은 됐습니다.
Keep the change.

おつりは要りません。
오쓰리와 이리마셍

UNIT 03 — Travel Japanese

# 버스를 이용할 때

시내를 자유롭게 이동하려면 시내버스가 싸고 편리하므로 관광안내소 등에서 노선도를 받아둡시다. 일본에서는 요금을 직접 요금함에 넣는 경우가 대부분이고, 시내버스 요금은 대부분 정해져 있지만 지역에 따라 거리별로 요금이 달라지므로 버스를 탈 때 미리 표를 받아두었다가 계산하면 됩니다.

[
이 버스는 _____ 에 갑니까?

Does this bus go to _____ ?

このバスは _____ へ行きますか。

고노 바스와 _____ 에 이끼마스까
]

- ☐ 공원    the park    **公園**    고-엥
- ☐ 해변    the beach    **海辺**    우미베
- ☐ 도쿄역    Tokyo station    **東京駅**    도-꾜-에끼
- ☐ 공항    the airport    **空港**    구-꼬-

**Q:** 버스승강장은 어디에 있습니까?

Where's the bus stop?

## バス停はどこにありますか。

바스떼-와 도꼬니 아리마스까

**A:** 어디에 가십니까?

Where're you going?

## どこへ行くのですか。

도꼬에 이꾸노데스까

### ✈ 시내버스

□ 어디서 버스 노선도를 얻을 수 있습니까?
Where can I get a bus route map?

どこでバスの路線図をもらえますか。
도꼬데 바스노 로센즈오 모라에마스까

□ 표는 어디서 살 수 있습니까?
Where can I get a ticket?

切符はどこで買えますか。
깁뿌와 도꼬데 가에마스까

□ 어느 버스를 타면 됩니까?
Which bus do I get on?

どのバスに乗ればいいですか。
도노 바스니 노레바 이-데스까

□ (버스를 가리키며) 미술관행입니까?
To the art museum?

美術館行きですか。
비쥬쓰깐 유끼데스까

□ 갈아타야 합니까?
Do I have to transfer?

乗り換えなければなりませんか。
모리까에나께레바 나리마셍까

□ 여기서 내려요.
I'll get off here.

ここで降ります。
고꼬데 오리마스

### ✈ 시외버스

□ 버스 터미널은 어디에 있습니까?
Where is the depot?

**バスターミナルはどこにありますか。**

바스타-미나루와 도꼬니 아리마스까

□ 매표소는 어디에 있습니까?
Where is the ticket office?

**チケット売り場はどこですか。**

치켓또 우리바와 도꼬데스까

□ 오사카까지 두 장 주세요.
Two for Osaka, please.

**大阪まで2枚お願いします。**

오-사까마데 니마이 오네가이시마스

□ 돌아오는 버스는 어디서 탑니까?
Where is the bus stop for going back?

**帰りのバスはどこから乗るのですか。**

가에리노 바스와 도꼬까라 노루노데스까

□ 거기에 가는 직행버스는 있나요?
Is there any bus that goes there directly.

**そこへ行く直通バスはありますか。**

소꼬에 이꾸 쵸꾸쓰-바스와 아리마스까

□ 도착하면 알려 주세요.
Tell me when we arrive there.

**着いたら教えてください。**

쓰이따라 오시에떼 구다사이

### ✈ 관광버스

□ **닛코를 방문하는 투어는 있습니까?**
Do you have a tour to Nikko?

日光を訪れるツアーはありますか。
닉꼬-오 오또즈레루 쓰아-와 아리마스까

□ **여기서 예약할 수 있나요?**
Can I make a reservation here?

ここで予約できますか。
고꼬데 요야꾸 데끼마스까

□ **버스는 어디서 기다립니까?**
Where do we wait for the bus?

バスはどこで待っていてくれるのですか。
바스와 도꼬데 맛떼이떼 구레루노데스까

□ **몇 시에 돌아옵니까?**
What time are we returning?

何時に戻ってくるのですか。
난지니 모돗떼 구루노데스까

□ **투어는 몇 시에 어디서 시작됩니까?**
When time where does the tour begin?

ツアーは何時にどこから始まりますか。
쓰아-와 난지니 도꼬까라 하지마리마스까

□ **호텔까지 데리러 와 줍니까?**
Will you pick us up at the hotel?

ホテルまで迎えに来てくれるのですか。
호떼루마데 무까에니 기떼 구레루노데스까

# UNIT 04

## Travel Japanese

# 지하철 · 전철을 이용할 때

일본은 지상으로 달리는 열차를 덴샤(電車), 지하로 달리는 열차를 치카테쯔(地下鉄)로 구분합니다. 일본의 대도시에는 지하철과 전철이 거미줄처럼 얽혀 있기 때문에 자신이 가고자 하는 목적지를 잘 선택해서 타야 합니다. 잘 모를 경우에는 창구에서 물어보거나, 노선도를 잘 이용하면 편리한 교통수단이 될 것입니다.

---

[ _____ (으)로 가는 것은 무슨 선입니까?

Which line to _____ ?

### _____ へ行くのは何線ですか。

에 이꾸노와 나니센데스까

- ○○공원 ○○Park　　　　　　○○公園　　○○고-엥
- ○○호텔 ○○Hotel　　　　　　○○ホテル　○○호떼루
- ○○백화점 ○○department store　○○デパート　○○데빠-또
- ○○동물원 ○○zoo　　　　　　 ○○動物園　○○도-부쯔엥

---

**Q:** 이 전철은 우에노에 섭니까?

Will this train stop at Ueno?

### この電車は上野に止まりますか。

고노 덴샤와 우에노니 토마리마스까

**A:** 기본요금은 100엔입니다.

The minimum fare is 100 Yen.

### 基本料金は100円です。

기혼료-낑와 햐꾸엔데스

## ✈ 지하철·전철역에서

□ **지하철 노선도를 주시겠습니까?**
May I have a subway map?

### 地下鉄(電車)の路線図をください。
치카떼쯔(덴샤)노 로센즈오 구다사이

□ **이 근처에 지하철역이 있습니까?**
Is a subway station near here?

### この近くに地下鉄の駅はありませんか。
고노 치까꾸니 치까떼즈노 에끼와 아리마셍까

□ **표는 어디서 삽니까?**
Where can I buy a ticket?

### 切符はどこで買えますか。
깁뿌와 도꼬데 가에마스까

□ **자동매표기는 어디에 있습니까?**
Where is the ticket machine?

### 切符販売機はどこですか。
깁뿌함바이끼와 도꼬데스까

□ **신주쿠로 가려면 어느 선을 타면 됩니까?**
Which line should I take to go to Shinjuku?

### 新宿へ行くにはどの線に乗ればいいですか。
신쥬꾸에 이꾸니와 도노센니 노레바 이-데스까

□ **우에노공원으로 가려면 어디로 나가면 됩니까?**
Which exit should I take for Ueno Park?

### 上野公園へ行くにはどこから出たらいいですか。
우에노 코-엥에 이꾸니와 도꼬까라 데따라 이-데스까

□ 동쪽 출구로 나가세요.
Take the east exit.

## 東口に出てください。
히가시구찌니 데떼 구다사이

### ✈ 지하철·전철을 탔을 때

□ 어디서 갈아탑니까?
Where should I change trains?

## どこで乗り換えるのですか。
도꼬데 노리까에루노데스까

□ 이건 미타역에 갑니까?
Is this for Mita station?

## これは三田駅へ行きますか。
고레와 미따에끼에 이끼마스까

□ 간다역은 몇 번째입니까?
How many stops are there to Kanda station?

## 神田駅はいくつ目ですか。
칸다에끼와 이꾸쯔메데스까

□ 다음은 어디입니까?
What's the next station?

## 次はどこですか。
쓰기와 도꼬데스까

□ 이 지하철은 시부야 역에 섭니까?
Does this train stop at Shibuya station?

## この電車は渋谷駅に止まりますか。
고노 덴샤와 시부야에끼니 도마리마스까

☐ 이 노선의 종점은 어디입니까?
Where's the end of this line?
この路線の終点はどこですか。
고노 로센노 슈-뗑와 도꼬데스까

☐ 지금 어디 근처입니까?
Where are we now?
今どのあたりですか。
이마 도노 아따리데스까

☐ 다음은 하네다 공항입니까?
Is the next stop Haneda Airport?
次ははねだ空港ですか。
쓰기오하 하네다 쿠-꼬-데스까

☐ 표를 잃어버렸습니다.
I lost my ticket.
切符をなくしました。
깁뿌오 나꾸시마시다

☐ 지하철에 가방을 두고 내렸습니다.
I left my bag in a subway.
地下鉄にかばんを忘れました。
치까테쯔니 가방오 와스레마시다

☐ 신주쿠에서 탔습니다.
I took a train from Shinjuku.
新宿駅から乗車しました。
신주꾸에끼까라 죠-샤시마시다

교통

지하철·전철을 이용할 때

# UNIT 05

Travel Japanese

# 열차를 이용할 때

대도시 주위를 운행하는 근거리 열차는 지하철이나 전철처럼 바로 표를 구입할 수 있지만, 신칸셍(新幹線), 신토카이셍(新東海道線), 도호쿠셍(東北線)과 같은 장거리 열차와 고속열차는 좌석을 미리 예약해 두어야 하며, 지정석은 추가요금을 지불해야 합니다.

[
_____ ○○-○○ 표 두 장 주세요.

Two _____ tickets from ○○ to ○○, please.

_____ ○○-○○ 二枚ください。

○○-○○ 니마이 구다사이
]

- 편도     one-way     **片道**     카따미찌
- 왕복     round-trip     **往復**     오-후꾸
- 1등석     first class     **一等席**     잇또-세끼
- 특등석     green class     **グリーン券**     그리-인껭

### Q : 시각표를 보여 주시겠어요?

May I see a timetable?

**時刻表を見せてください。**

지꼬꾸효-오 미세떼 구다사이

### A : 저기에 게시되어 있습니다.

Here's one posted over there.

**あちらに掲示してあります。**

아찌라니 게-지시떼 아리마스

## ✈ 표를 구입할 때

❏ 매표소는 어디입니까?
　Where's the ticket window?

　切符売り場はどこですか。
　깁뿌우리바와 도꼬데스까

❏ 오사카까지 편도 주세요.
　A single to Osaka, please.

　大阪までの片道切符をください。
　오-사까마데노 가따미찌 깁뿌오 구다사이

❏ 9시 급행 표를 주세요.
　Tickets on express at nine, please.

　9時の急行の切符をください。
　구지노 큐-꼬-노 깁뿌오 구다사이

❏ 예약 창구는 어디입니까?
　Which window can I reserve a seat at?

　予約の窓口はどこですか。
　요야꾸노 마도구찌와 도꼬데스까

❏ 1등석을 주세요.
　First class, please.

　一等席をください。
　잇또-세끼오 구다사이

❏ 더 이른(늦은) 열차는 있습니까?
　Do you have an earlier(a later) train?

　もっと早い(遅い)列車はありますか。
　못또 하야이(오소이) 렛샤와 아리마스까

- 급행열차입니까?

  Is it an express train?

  急行列車ですか。

  큐-꼬-렛샤데스까

- 어디서 갈아탑니까?

  Where should we change trains?

  どこで乗り換えるのですか。

  도꼬데 노리까에루노데스까

### ✈ 열차를 탈 때

- 3번 홈은 어디입니까?

  Where is platform No 3.

  3番ホームはどこですか。

  삼방 호-무와 도꼬데스까

- 나고야행 열차는 어디입니까?

  Where's the train for Nagoya?

  名古屋行きの列車はどこですか。

  나고야유끼노 렛샤와 도꼬데스까

- 이건 오사카행입니까?

  Is this for Osaka?

  これは大阪行きですか。

  고레와 오-사까유끼데스까

- (표를 보여주며) 이 열차 맞습니까?

  Is this my train?

  この列車でいいのですか。

  고노 렛샤데 이-노데스까

☐ 이 열차는 예정대로 출발합니까?
Is this train on schedule?

この列車は予定どおりですか。
고노 렛샤와 요떼- 도-리데스까

☐ 도중에 하차할 수 있습니까?
Can I have a stopover?

途中下車はできますか。
도쮸-게샤와 데끼마스까

☐ 열차를 놓쳤습니다.
I missed my train.

乗り遅れてしまいました。
노리오꾸레떼 시마이마시다

### ✈ 열차 안에서

☐ 거기는 제 자리입니다.
That's my seat.

そこは私の席です。
소꼬와 와따시노 세끼데스

☐ 이 자리는 비어 있나요?
Is this seat taken?

この席は空いていますか。
고노 세끼와 아이떼 이마스까

☐ 창문을 열어도 되겠습니까?
May I open the window?

窓を開けてもいいですか。
마도오 아께떼모 이-데스까

- 식당차는 어디에 있습니까?
  Where's the dining car?

  食堂車はどこですか。
  쇼꾸도-샤와 도꼬데스까

- (여객전무) 도와 드릴까요
  May I help you?

  お手伝いしましょうか。
  오테쓰다이 시마쇼-까

- 오사카까지 몇 시간 걸립니까?
  How many hours to Osaka?

  大阪まで何時間ですか。
  오-사까마데 난지깐데스까

- 표를 보여 주십시오.
  May I see your ticket?

  乗車券を拝見します。
  죠-샤껭오 하이껜시마스

- 네, 여기 있습니다.
  Here it is.

  はい、どうぞ。
  하이, 도-조

- 잠시 기다려 주십시오.
  Just a minute, please.

  ちょっと待ってください。
  춋또 맛떼 구다사이

□ 여기는 무슨 역입니까?
What station is this?

ここは何駅ですか。
고꼬와 나니에끼데스까

□ 다음 역은 무슨 역입니까?
What's the next station?

次の駅は何という駅ですか。
쓰기노 에끼와 난또이우 에끼데스까

### ✈ 문제가 생겼을 때

□ 표를 잃어버렸습니다.
I lost my ticket.

切符をなくしました。
깁뿌오 나꾸시마시다

□ 어디에서 탔습니까?
Where did you get on?

どこから乗りましたか？
도꼬까라 노리마시다까

□ 내릴 역을 지나쳤습니다.
I missed my station.

乗り越してしまいました。
노리꼬시떼 시마이마시다

□ 이 표는 아직 유효합니까?
Is this ticket still valid?

この切符はまだ有効ですか。
고노 깁뿌와 마다 유─꼬─데스까

# UNIT 06 비행기를 이용할 때

항공기는 설령 예약을 해두었더라도 여행지 또는 환승지에 3일 이상 체재하는 경우에는 출발 72시간 전에 다음 목적지까지의 예약을 항공사에 재확인해야 합니다 (reconfirm). 재확인을 하지 않으면 예약이 자동으로 취소되거나 예약이 되어 있지 않는 경우도 있습니다.

(비행기 좌석) _____ (으)로 부탁합니다.

_____, please.

_____ をお願いします。

오 오네가이시마스

- 금연석   Non-smoking    禁煙席       깅엔세끼
- 흡연석   Smoking seat   喫煙席       기쯔엔세끼
- 창가자리 Window seat    窓側の席     마도가와노 세끼
- 통로석   Aisle seat     通路側の席   쓰-로가와노 세끼

## Q: 여보세요. 일본항공입니다.
Hello. This is Japan Airlines.

**もしもし。日本航空です。**

모시모시. 니홍코-꾸-데스

## A: 예약을 재확인하고 싶은데요.
I'd like to reconfirm my flight.

**予約を再確認したいのですが。**

요야꾸오 사이카꾸닝 시따이노데스가

## ✈ 항공권 예약

❏ 비행기 예약을 부탁합니다.
I'd like to reserve a flight.

フライトの予約をお願いします。
후라이또노 요야꾸오 오네가이시마스

❏ 내일 홋카이도 행 비행기 있습니까?
Do you have a flight to Hokkaido.

明日の北海道行きの便はありますか。
아시따노 혹까이도 유끼노 빙와 아리마스까

❏ 일찍 가는 비행기로 부탁합니다.
I'd like an earlier flight.

早い便をお願いします。
하야이 빙오 오네가이 시마스

❏ 늦게 가는 비행기로 부탁합니다.
I'd like a later flight.

遅い便をお願いします。
오소이 빙오 오네가이 시마스

❏ 성함과 편명을 말씀하십시오.
What's your name and flight number?

お名前と便名をどうぞ。
오나마에또 빔메-오 도-조

❏ 출발시간을 확인하고 싶은데요.
I'd like to make sure of the time it leaves.

出発時刻を確認したいのですが。
슙빠쯔지꼬꾸오 카꾸닌시따이노데스가

## ✈ 체크인과 탑승

☐ **일본항공 카운터는 어디입니까?**
Where's the Japan Airlines counter?

日本航空のカウンターはどこですか。

니홍코-꾸-노 카운따-와 도꼬데스까

☐ **지금 체크인할 수 있습니까?**
Can I check in now?

今チェックインできますか。

이마 첵꾸인 데끼마스까

☐ **항공권은 가지고 계십니까?**
Do you have a ticket?

航空券はお持ちですか。

코-꾸껭와 오모찌데스까

☐ **예, 여기 있습니다.**
Here it is.

はい、これです。

하이, 고레데스

☐ **금연석 통로 쪽으로 부탁합니다.**
An aisle seat in the non-smoking section, please.

禁煙席の通路側をお願いします。

킹엔세끼노 쓰-로가와오 오네가이시마스

☐ **이 짐은 기내로 가지고 갑니다.**
This is a carry-on bag.

この荷物は機内持ち込みです。

고노 니모쯔와 기나이 모찌꼬미데스

- 요금은 어떻게 됩니까?
  What's the fare?

  料金はどうなりますか。
  료-낑와 도- 나리마스까

- 몇 번 출구로 나가면 됩니까?
  Which gate should I go to?

  何番ゲートに行けばいいのですか。
  남반게-또니 이께바 이-노데스까

- 이건 센다이 행 출구입니까?
  Is this the gate to Sendai?

  これは仙台行きのゲートですか。
  고레와 센다이 유끼노 게-또데스까

- 비행은 예정대로 출발합니까?
  Is the flight on time?

  フライトは予定どおりに出発しますか。
  후라이또와 요떼- 도-리니 슙빠쯔시마스까

- 이 짐을 맡길게요.
  I'll check this baggage.

  この荷物を預けます。
  고노 니모쯔오 아즈께마스

- 탑승이 시작되었나요?
  Has boarding begun?

  搭乗は始まっていますか。
  토-죠-와 하지맛떼 이마스까

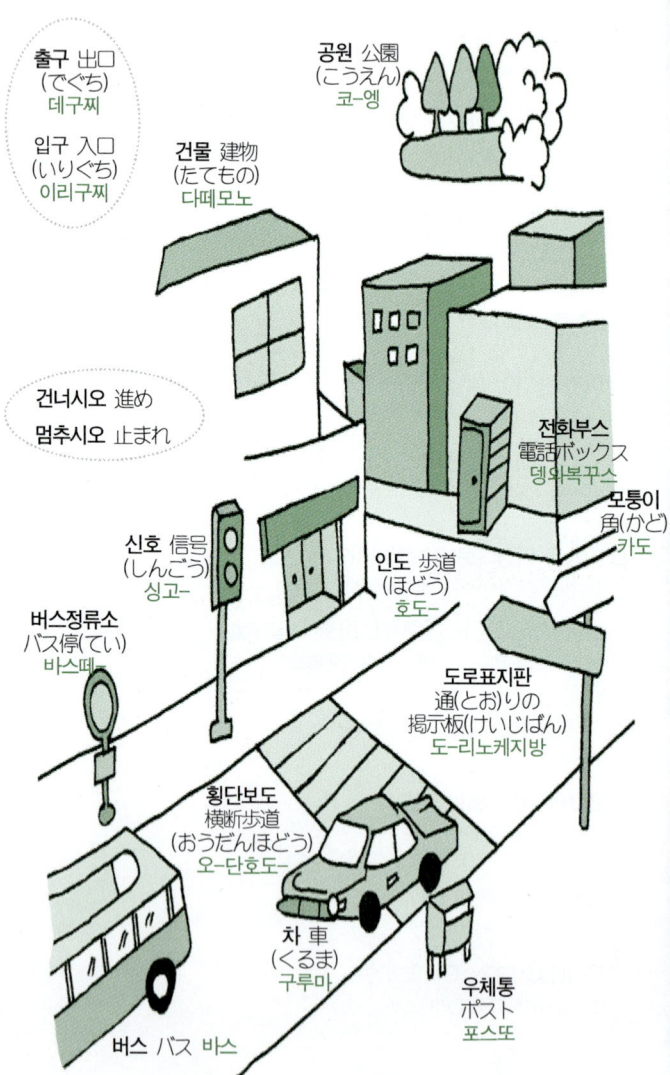

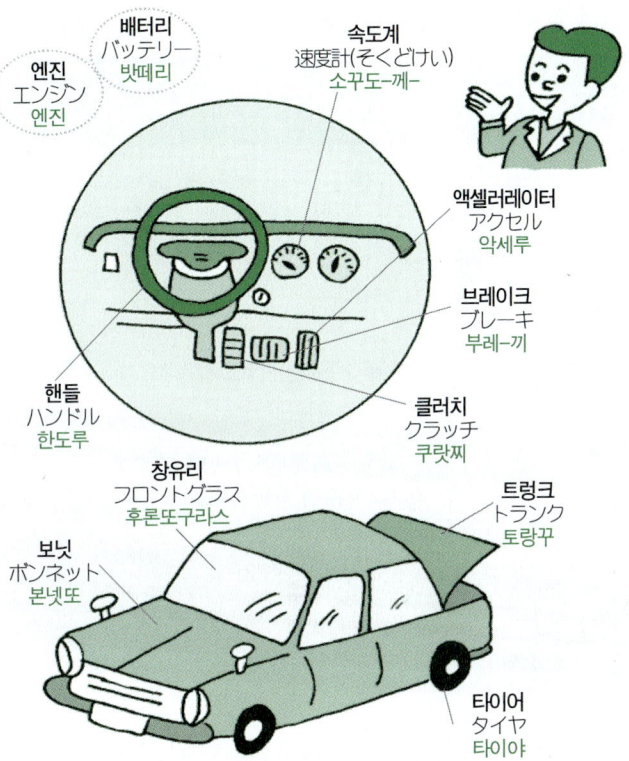

❏ 도로표지판

| 양보 | YIELD | 譲れ |
| --- | --- | --- |
| 일시정지 | STOP | 一時停止 |
| 좌측통행 | KEEP LEFT | 左側通行 |
| 추월금지 | DO NOT PASS | 追い越し禁止 |
| 진입금지 | DO NOT ENTER | 進入禁止 |
| 제한속도 | SPEED LIMIT | 制限速度 |
| 일방통행 | ONE WAY | 一方通行 |
| 주차금지 | NO PARKING | 駐車禁止 |

# UNIT 07

## 렌터카를 이용할 때

렌터카를 빌릴 때는 여권과 국제면허증이 필요합니다. 만일을 대비하여 보험도 잊지 말고 꼭 들어둡시다. 관광시즌에는 한국에서 출발하기 전에 미리 렌터카 회사에 예약을 해두는 게 좋습니다. 신청할 때는 지불보증으로서 신용카드를 요구하는 경우가 많으므로 카드를 준비해둡시다.

[ _____ 차를 1주일간 빌리고 싶은데요.
_____ car for a week, please.
_____ 車を一週間借りたいんですが。
샤오 잇슈−깡 가리따이ㄴ데스가 ]

| □ 소형 | A compact | 小型 | 코가따 |
| □ 중형 | A mid-size | 中型 | 츄−가따 |
| □ 대형 | A large | 大型 | 오−가따 |
| □ 오토매틱 | An automatic | オートマチック | 오−또마칙꾸 |

**Q: 차를 빌리고 싶은데요.**
I'd like to rent a car.

### 車を借りたいのですが。
구루마오 가리따이노데스가

**A: 어떤 차가 좋겠습니까?**
What kind of car do you want?

### どんな車がよろしいですか。
돈나 구루마가 요로시−데스까

## ✈ 렌터카를 이용할 때

☐ (공항에서) 렌터카 카운터는 어디에 있습니까?
Where's the rent-a-car counter?

レンタカーのカウンターはどこですか。
렌따카-노 카운따-와 도꼬데스까

☐ 예약을 한 사람인데요.
I have a reservation.

予約した者ですが。
요야꾸시따 모노데스가

☐ 어느 정도 운전할 예정이십니까?
How long will you need it?

どのくらいドライブする予定ですか。
도노쿠라이 도라이부스루 요떼-데스까

☐ 1주간입니다.
For a week.

一週間です。
잇슈-깐데스

☐ 차를 3일간 빌리고 싶습니다.
I'd like to rent a car for three days.

車を三日間借りたいです。
구루마오 믹까깡 가리따이데스

☐ 이것이 제 국제운전면허증입니다.
Here's my international driver's license.

これが私の国際運転免許証です。
고레가 와따시노 고꾸사이 운뗌 멩꾜쇼-데스

### ✈ 차종을 고를 때

□ 어떤 차가 있습니까?
　What kind of cars do you have?

　**どんな車がありますか。**
　돈나 구루마가 아리마스까

□ 렌터카 목록을 보여 주시겠어요?
　Can I see your rent-a-car list?

　**レンタカーリストを見せてもらえますか。**
　렌따카- 리스또오 미세떼 모라에마스까

□ 어떤 타입의 차가 좋으시겠습니까?
　What type of car would you like?

　**どのタイプの車がよろしいですか。**
　도노 타이뿌노 구루마가 요로시-데스까

□ 중형차를 빌리고 싶은데요.
　I'd like a mid-size car.

　**中型車を借りたいのですが。**
　츄-가따샤오 가리따이노데스가

□ 오토매틱밖에 운전하지 못합니다.
　I can only drive an automatic.

　**オートマチックしか運転できません。**
　오-또마칙꾸시까 운뗀 데끼마셍

□ 오토매틱 스포츠카를 부탁합니다.
　I'd like an automatic sports car.

　**オートマのスポーツ車をお願いします。**
　오-또마노 스뽀-쯔샤오 오네가이시마스

## 🛪 렌터카 요금과 보험

☐ **선불이 필요합니까?**
Do I need a deposit?
前金が必要ですか。
마에낑가 히쯔요-데스까

☐ **보증금은 얼마입니까?**
How much is the deposit?
保証金はいくらですか。
호쇼-낑와 이꾸라데스까

☐ **1주간 요금은 얼마입니까?**
What's the rate per week?
一週間の料金はいくらですか。
잇슈-깐노 료-낑와 이꾸라데스까

☐ **특별요금은 있습니까?**
Do you have any special rates?
特別料金はありますか。
토꾸베쯔료-낑와 아리마스까

☐ **그 요금에 보험은 포함되어 있습니까?**
Does the price include insurance?
その料金に保険は含まれていますか。
소노 료-낀니 호껭와 후꾸마레떼 이마스까

☐ **종합보험을 들어 주십시오.**
With comprehensive insurance, please.
総合保険をかけてください。
소-고-호껭오 가께떼 구다사이

# UNIT 08

## 차를 운전할 때

여기서는 주유소에 기름을 넣을 때, 주정차, 세차 등의 표현을 익힙니다. 차를 빌려서 관광을 할 경우에는 우리와 교통의 흐름이 반대이므로 주의해서 운전을 해야 합니다. 따라서 운전석도 우리는 왼쪽에 있지만, 일본은 영국식으로 오른쪽에 있습니다.

---

[ 차의 _____ 이상합니다.

The _____ isn't working right.

**車の _____ の調子がおかしいです。**

노 쵸-시가 오까시-데스 ]

| □ 엔진 | engine | エンジン | 엔진 |
| □ 배터리 | battery | バッテリー | 밧떼리- |
| □ 액셀러레이터 | accelerator | アクセル | 아꾸세루 |
| □ 브레이크 | brakes | ブレーキ | 부레-끼 |

---

**Q:** (기름을) 가득 채워 주세요.

Fill it up, please.

### 満タンにしてください。

만딴니 시떼 구다사이

**A:** 잠시 기다리십시오.

I'll be right with you.

### 少々お待ちください。

쇼-쇼- 오마찌구다사이

## ✈ 차를 운전하면서

### ☐ 긴급연락처를 알려 주시겠어요?
Where should I call in case of an emergency?

緊急連絡先を教えてください。

킹뀨-렌라꾸사끼오 오시에떼 구다사이

### ☐ 도로지도를 주시겠습니까?
Can I have a road map?

道路地図をいただけますか。

도-로치즈오 이따다께마스까

### ☐ 닛코는 어느 길로 가면 됩니까?
Which way to Nikko?

日光へはどの道を行けばいいですか。

닉꼬-에와 도노 미찌오 이께바 이-데스까

### ☐ 5호선으로 남쪽으로 가세요.
Take the 5 South.

5号線で南へ行ってください。

고 고-센데 미나미에 잇떼 구다사이

### ☐ 곧장입니까, 아니면 왼쪽입니까?
Straight? Or to the left?

まっすぐですか、それとも左ですか。

맛스구데스까, 소레또모 히다리데스까

### ☐ 하코네까지 몇 킬로미터입니까?
How many kilometers to Hakone?

箱根まで何キロですか。

하코네마데 낭키로데스까

교통 차를 운전할 때

- 차로 후지산까지 어느 정도 걸립니까?
  How far is it to Fuji Mountain by car?

  車で富士山までどのくらいかかりますか。

  구루마데 후지삼마데 도노쿠라이 가까리마스까

- 가장 가까운 교차로는 어디입니까?
  What's the nearest intersection?

  いちばん近い交差点はどこですか。

  이찌반 치까이 코-사뗑와 도꼬데스까

### ✈ 주유·주차할 때

- 이 근처에 주유소가 있습니까?
  Is there a gas station near by?

  この近くにガソリンスタンドはありますか。

  고노 치까꾸니 가소린스딴도와 아리마스까

- 가득 넣어 주세요.
  Fill it up, please.

  満タンにしてください。

  만딴니 시떼 구다사이

- 선불입니까, 후불입니까?
  Do I pay now or later?

  先払ですか、後払いですか。

  사끼바라이데스까, 아또바라이데스까

- 여기에 주차해도 됩니까?
  Can I park my car here?

  ここに車を駐車してもいいですか。

  고꼬니 구루마오 츄-샤시떼모 이-데스까

## ✈ 차 트러블

□ 배터리가 떨어졌습니다.
The battery is dead.

バッテリーがあがってしまいました。
밧떼리-가 아갓떼 시마이마시다

□ 펑크가 났습니다.
I got a flat tire.

パンクしました。
팡꾸시마시다

□ 시동이 걸리지 않습니다.
I can't start the engine.

エンジンがかからないんです。
엔징가 가까라나인데스

□ 브레이크가 잘 안 듣습니다.
The brakes don't work properly.

ブレーキのききがあまいです。
부레-끼노 기끼가 아마이데스

□ 고칠 수 있습니까?
Can you repair it?

修理できますか。
슈-리 데끼마스까

□ 차를 돌려드리겠습니다.
I'll return the car.

車を返します。
구루마오 가에시마스

| 거리에서 볼 수 있는 게시판 ||
|---|---|
| 注意 | 주의 |
| 足下注意 | 발밑 주의 |
| 頭注意 | 머리 조심 |
| 危険 | 위험 |
| 渡るな | 건너지 마시오 |
| 渡りなさい | 건너시오 |
| 無断立入禁止 | 무단 침입금지 |
| ペイント注意 | 페인트 주의 |
| 故障 | 고장 |
| 使用中止 | 사용중지 |
| 駐車禁止 | 주차금지 |
| 駐車場 | 주차장 |
| 停車禁止 | 정차금지 |
| 芝生に入らないで下さい | 잔디에 들어가지 마시오 |
| 立入禁止 | 출입금지 |
| 通行禁止 | 통행금지 |
| 一歩通行 | 일방통행 |
| 出口 | 출구 |
| 乗り換え | 갈아타는 곳 |
| 切符売場 | 매표소 |

PART **6**

# 관 광

관광안내소에서
관광지에서
관람을 할 때
사진을 찍을 때
오락을 즐길 때
스포츠를 즐길 때

# 관광에 관한 정보

## ✈ 일본의 주요 관광지

**도쿄(東京)** : 일본의 수도이며 세계적인 대도시의 하나로 정치, 경제, 행정, 교육, 문화, 교통 및 세계 경제의 중심지로서 일본의 과거와 현대가 함께 숨쉬는 곳이다. 전자상가와 젊은이의 거리로 유명한 신주쿠(新宿), 미래형 도시인 이케부쿠로(池袋), 젊음을 대표하는 시부야(渋谷) 및 하라주쿠(原宿), 국립박물관과 민속박물관이 있는 우에노(上野), 일본다운 정서와 분위기를 진하게 느낄 수 있는 아사쿠사(浅草), 전기, 전자제품의 할인 상가로 구성된 아키하바라(秋葉原), 전통 있는 고서점과 학생가로 유명한 간다(神田), 일류 호텔, 대사관이 많은 아카사카(赤坂)와 롯폰기(六本木), 그리고 도쿄 디즈니랜드가 있다

**요코하마(横浜)** : 미래의 항구도시 건설과 함께 새롭게 발돋움하는 도시로 바다 주변의 공원들과 주카가이(中華街) 등, 이국적인 정서가 많이 남아 있는 곳이다. 대표적인 명소는 베이브리지, 니혼마루(日本丸) 메모리얼 파크, 미나토미라이 등이 있다.

**오사카(大阪)** : 일본 제2의 도시이며 오래 전부터 긴키(近畿) 지방의 중심지이며, 상업의 도시로 알려져 왔다. 오사카에는 나라(奈良)나 교토(京都) 등에 비해 문화 유적이 많지 않은 편이다. 간사이 국제공항의 오픈과 함께 새롭게 발돋움하고 있으며 유명 명소는 도톤보리(道頓堀), 덴노지(天王寺) 등이 있다.

**나가사키(長崎)** : 규슈(九州)의 서북부에 위치하고 있으며, 해외 문화가 유입되는 창구였기 때문에 이국의 정취가 강하게 남아 있는 곳이다. 히로시마에 이어 원자폭탄이 투하된 도시의 이미지를 벗고, 현재는 아름다운 자연 속에서 빛나는 운젠(雲

仙), 시마바라(島原) 외에도 새로운 명소 하우스텐보스(Huis Tenbosch)가 사람들의 발길을 이끄는 곳이기도 하다.

나라(奈良) : 일본열도의 거의 중앙부인 키이반도 한가운데 위치하고 있으며, 주변 면적의 약 78%가 산림으로 형성되어 있는 산악지대다. 세계적으로 뛰어난 문화유산과 역사적 풍토와 함께 아름다운 자연환경이 잘 조화를 이룬 나라현은 일본 역사에서 특별한 위치를 차지하고 있다. 나라는 서기 710년부터 784년까지 일본의 수도였으며 일본의 예술, 공예, 문학, 산업의 요지였다. 특히 현존하는 세계 최고의 목조 건축인 호류지와 도다이지가 유명하다.

교토(京都) : 교토부는 일본 혼슈의 중서부에 위치하고 있다. 4600㎢의 면적에 260만의 인구가 살고 있고, 지형은 남북으로 길게 뻗어 있다. 몇 세기에 걸쳐 경제를 축적해온 교토는 일본에서 가장 큰 경제력을 가지게 되었으며, 건축에서는

미술공예품, 전통예식에 이르기까지 주목받을 만한 훌륭한 문화유산을 보존하고 있다. 일본의 국보와 중요 문화재의 20%는 교토부에 집중되어 있으며, 실질적으로 일본 예술의 중심지로서의 그 역할을 담당하고 있다

삿포로(札幌) : 일본의 5대 도시 중 하나이며, 훗카이도(北海道)의 행정, 경제, 문화의 중심도시이다. 시내는 바둑판 모양으로 반듯하게 구획되어져 있으며, 남북은 오도리 코엔(大通公園)을 경계로 동서는 소세이가와(創成川)를 경계로 한눈에 펼쳐진다.

오키나와(沖繩) : 동아시아 남서 해역에 숱한 점을 찍어 놓은 듯이 이어지는 오키나와의 섬들은 산호초로 둘러싸여 있으며, 아열대 수목이 우거진 섬은 광대한 해역에 걸쳐 산호초군이 발달해 있다. 우아한 색채의 조화가 오키나와의 아름다움이며 뜨거운 감동을 안겨 주는

신비스러운 모습이다. 오키나와의 섬들을 깨끗이 씻어 주는 흑조와 태양빛으로 인해 해수의 투명도가 결정되는 것도 하나의 원인이지만 산호초군을 이루는 산호의 역할도 빼놓을 수 없다.

# UNIT 01

## Travel Japanese

## 관광안내소에서

관광의 첫걸음은 관광안내소에서 시작됩니다. 대부분이 시내의 중심부에 있는 볼거리 소개부터 버스 예약까지 여러 가지 서비스를 하고 있습니다. 무료의 시내지도, 지하철, 버스 노선도 등이 구비되어 있는 경우가 많으므로 정보수집에 매우 편리합니다.

---

_____ 투어는 있나요?

Do you have a _____ tour?

_____ ツアーはありますか。

쓰아-와 아리마스까

---

- □ 1일    full day    一日の    이찌니찌노
- □ 반나절    half-day    半日の    한니찌노
- □ 야간    night    ナイト    나이또
- □ 당일치기    come back in a day    日帰りの    히가에리노

---

**Q : 도쿄를 관광하고 싶은데요.**

I'd like to see the sights of Tokyo.

**東京を観光したいんですが。**

도-꾜-오 캉꼬- 시따인데스가

**A : 투어에 참가하시겠습니까?**

Are you interested in a tour?

**ツアーに参加しますか。**

쓰아-니 상까시마스까

## ✈ 관광안내소에서

❏ **관광안내소는 어디에 있습니까?**
Where is the tourist information office?

観光案内所はどこですか。
캉꼬-안나이쇼와 도꼬데스까

❏ **이 도시의 관광안내 팸플릿이 있습니까?**
Do you have a sightseeing brochure for this town?

この町の観光案内パンフレットはありますか。
고노 마찌노 캉꼬-안나이 팡후렛또와 아리마스까

❏ **무료 시내지도는 있습니까?**
Do you have a free city map?

無料の市街地図はありますか。
무료-노 시가이치즈와 아리마스까

❏ **관광지도를 주시겠어요?**
Can I have a sightseeing map?

観光地図をください。
캉꼬-치즈오 구다사이

❏ **여기서 볼 만한 곳을 가르쳐 주시겠어요?**
Could you recommend some interesting places?

ここの見どころを教えてください。
고꼬노 미도꼬로오 오시에떼 구다사이

❏ **당일치기로 어디에 갈 수 있습니까?**
Where can I go for a day trip?

日帰りではどこへ行けますか。
히가에리데와 도꼬에 이께마스까

관광 | 관광안내소에서

- 경치가 좋은 곳을 아십니까?
  Do you know a place with a nice view?

  景色がいいところをご存じですか。

  게시끼가 이- 도꼬로오 고존지데스까

- 젊은 사람이 가는 곳은 어디입니까?
  Where's good place for young people?

  若い人の行くところはどこですか。

  와까이 히또노 이꾸 도꼬로와 도꼬데스까

- 거기에 가려면 투어에 참가해야 합니까?
  Do I have to join a tour to go there?

  そこへ行くにはツアーに参加しなくてはなりませんか。

  소꼬에 이꾸니와 쓰아-니 상까시나꾸떼와 나리마셍까

- 유람선은 있습니까?
  Are there any sightseeing boats?

  遊覧船はありますか。

  유-란셍와 아리마스까

- 여기서 표를 살 수 있습니까?
  Can I buy a ticket here?

  ここで切符が買えますか。

  고꼬데 깁뿌가 가에마스까

- 할인 티켓은 있나요?
  Do you have some discount tickets?

  割引チケットはありますか。

  와리비끼 치껫또와 아리마스까

❏ 지금 축제는 하고 있나요?
Are there any festivals now?

何かお祭りはやっていますか。
낭까 오마쯔리와 얏떼 이마스까

❏ 벼룩시장 같은 것은 있나요?
Is there a flea market or something?

ノミの市のようなものはありますか。
노미노 이찌노 요-나 모노와 아리마스까

### 거리·시간 등을 물을 때

❏ 여기서 멉니까?
Is it far from here?

ここから遠いですか。
고꼬까라 도-이데스까

❏ 여기서 걸어서 갈 수 있습니까?
Can I walk down there?

ここから歩いて行けますか。
고꼬까라 아루이떼 이께마스까

❏ 왕복으로 어느 정도 시간이 걸립니까?
How long does it take to get there and back?

往復でどのくらい時間がかかりますか。
오-후꾸데 도노쿠라이 지깡가 가까리마스까

❏ 버스로 갈 수 있습니까?
Can I go there by bus?

バスで行けますか。
바스데 이께마스까

### ✈ 투어를 이용할 때

□ 관광버스 투어는 있습니까?
Is there a sightseeing bus tour?

### 観光バスツアーはありますか。
캉꼬바스 쓰아-와 아리마스까

□ 어떤 투어가 있습니까?
What kind of tours do you have?

### どんなツアーがあるんですか。
돈나 쓰아-가 아룬데스까

□ 어디서 관광투어를 신청할 수 있습니까?
Where can I book a sightseeing tour?

### どこで観光ツアーが申し込めますか。
도꼬데 캉꼬-쓰아-가 모-시꼬메마스까

□ 투어는 매일 있습니까?
Do you have tours every day?

### ツアーは毎日出ていますか。
쓰아-와 마이니찌 데떼 이마스까

□ 오전(오후) 코스는 있습니까?
Is there a morning(afternoon) tour?

### 午前(午後)のコースはありますか。
고젠(고고)노 코-스와 아리마스까

□ 야간관광은 있습니까?
Do you have a night tour?

### ナイトツアーはありますか。
나이또 쓰아-와 아리마스까

- 투어는 몇 시간 걸립니까?
  How long does it take to complete the tour?

  ツアーは何時間かかりますか。
  쓰아-와 난지깡 가까리마스까

- 식사는 나옵니까?
  Are any meals included?

  食事は付いていますか。
  쇼꾸지와 쓰이떼 이마스까

- 몇 시에 출발합니까?
  What time do you leave?

  出発は何時ですか。
  슙빠쯔와 난지데스까

- 어디서 출발합니까?
  Where does it start?

  どこから出ますか。
  도꼬까라 데마스까

- 한국어 가이드는 있나요?
  Do we have Korean-speaking guide?

  韓国語のガイドは付きますか。
  캉꼬꾸고노 가이도와 쓰끼마스까

- 요금은 얼마입니까?
  How much is it?

  料金はいくらですか。
  료-낑와 이꾸라데스까

# UNIT 02 관광지에서

Travel Japanese

미술관이나 박물관은 휴관일을 확인하고 나서 예정을 잡읍시다. 요일에 따라서 개관을 연장하거나 할인요금이나 입장료가 달라지는 곳도 있으므로 가이드북을 보고 확인합시다. お寺(절)이나 神社(신자)는 관광지이기 전에 종교상의 신성한 건물입니다. 들어갈 때 정숙하지 못한 복장이나 소란은 삼가야 합니다.

---

**_____ 은(는) 어느 정도입니까?**

How _____ is it?

**_____ はどのくらいですか。**

와 도노쿠라이데스카

| | | | |
|---|---|---|---|
| □ 높이 | high | **高さ** | 다까사 |
| □ 넓이 | large | **広さ** | 히로사 |
| □ 역사(오래됨) | old | **歴史** | 레끼시 |
| □ 길이 | long | **長さ** | 나가사 |

---

**Q : 오늘 투어에 참가할 수 있습니까?**

Can I join today's tour?

### 今日のツアーに参加できますか。

쿄-노 쓰아-니 상까 데끼마스까

**A : 죄송합니다만, 미리 예약을 하셔야 합니다.**

Sorry, you have to book it in advance.

### すみませんが、前もって予約しなくてはなりません。

스미마셍가, 마에못떼 요야꾸시나꾸떼와 나리마셍

### ✈ 관광버스 안에서

❑ **저것은 무엇입니까?**
What is that?

# あれは何ですか。
아레와 난데스까

❑ **저것은 무슨 강(산)입니까?**
What is the name of that river(mountain)?

# あれは何という川(山)ですか。
아레와 난또 이우 가와(야마)데스까

❑ **여기서 얼마나 머뭅니까?**
How long do we stop here?

# ここでどのくらい止まりますか。
고꼬데 도노쿠라이 도마리마스까

❑ **시간은 어느 정도 있습니까?**
How long do we have?

# 時間はどのくらいありますか。
지깡와 도노쿠라이 아리마스까

❑ **자유시간은 있나요?**
Do we have any free time?

# 自由時間はありますか。
지유-지깡와 아리마스까

❑ **몇 시에 버스로 돌아오면 됩니까?**
By what time should I be back to the bus?

# 何時にバスに戻ってくればいいですか。
난지니 바스니 모돗떼구레바 이-데스까

관광 / 관광지에서

### ✈ 관광을 하면서

□ **전망대는 어떻게 오릅니까?**
How can I get up to the observatory?

展望台へはどうやって上がるのですか。
템보-다이에와 도-얏떼 아가루노데스까

□ **저 건물은 무엇입니까?**
What is that building?

あの建物は何ですか。
아노 다떼모노와 난데스까

□ **누가 여기에 살았습니까?**
Who lived here?

誰が住んでいたのですか。
다레가 슨데이따노데스까

□ **언제 세워졌습니까?**
When was it built?

いつごろ建てられたのですか。
이쯔고로 다떼라레따노데스까

□ **퍼레이드는 언제 있습니까?**
What time do you have the parade?

パレードはいつありますか。
파레-도와 이쯔 아리마스까

□ **몇 시에 돌아와요?**
What time will we come back?

何時に戻りますか。
난지니 모도리마스까

## ✈ 기념품점에서

□ 그림엽서는 어디서 삽니까?
Where can I buy picture postcards?

### 絵ハガキはどこで買えますか。
에하가끼와 도꼬데 가에마스까

□ 그림엽서는 있습니까?
Do you have picture postcards?

### 絵ハガキはありますか。
에하가끼와 아리마스까

□ 기념품 가게는 어디에 있습니까?
Where is the gift shop?

### おみやげ店はどこですか。
오미야게미세와 도꼬데스까

□ 기념품으로 인기 있는 것은 무엇입니까?
Could you recommend something popular for a souvenir?

### おみやげで人気があるのは何ですか。
오미야게데 닝끼가 아루노와 난데스까

□ 뭔가 먹을 만한 곳이 있습니까?
Is there a place where I can eat something?

### 何か食べられるところはありますか。
나니까 다베라레루 도꼬로와 아리마스까

□ 이 박물관의 오리지널 상품입니까?
Is it an original to this museum?

### この博物館のオリジナル商品ですか。
고노 하꾸부쯔깐노 오리지나루 쇼-힌데스까

관광 | 관광지에서

# UNIT 03 관람을 할 때

Travel Japanese

여행을 하면서 그 도시의 정보지 등에서 뮤지컬이나, 연극(가부키), 콘서트 등 보고 싶은 것을 찾아서 미리 호텔의 인포메이션이나 관광안내소에서 예약을 해두는 것이 좋습니다. 표는 극장의 창구에서 사는 것이 가장 확실합니다. 적어도 공연의 3일전쯤에는 예매를 해두어야 합니다.

---

[ 지금 인기 있는 _____ 은(는) 무엇입니까?
What's the most popular _____ now?

**今人気のある _____ は何ですか。**

이마 닝끼노아루 _____ 와 난데스까 ]

- 영화 movie **映画** 에-가
- 오페라 opera **オペラ** 오페라
- 뮤지컬 musical **ミュージカル** 뮤-지카루
- 연극 play **芝居** 시바이

---

Q: 우리들 자리는 어디죠?
Where're the seats?

**我々の席はどこでしょう?**

와레와레노 세끼와 도꼬데쇼-

A: 안내해 드리겠습니다.
Please follow me.

**ご案内します。**

고안나이시마스

222

## ✈ 입장료를 구입할 때

□ 티켓은 어디서 삽니까?
Where can I buy a ticket?

### チケットはどこで買えますか。
치켓또와 도꼬데 가에마스까

□ 입장은 유료입니까?
Is there a charge for admission?

### 入場は有料ですか。
뉴-죠-와 유-료-데스까

□ 입장료는 얼마입니까?
How much is the admission fee?

### 入場料はいくらですか。
뉴-죠-료-와 이꾸라데스까

□ 어른 2장 주세요.
Two adult, please.

### 大人2枚ください。
오또나 니마이 구다사이

□ 학생 1장 주세요.
One student, please.

### 学生1枚ください。
각세- 이찌마이 구다사이

□ 단체할인은 있습니까?
Do you have a group discount?

### 団体割引はありますか。
단따이 와리비끼와 아리마스까

관 광

관람을 할 때

## ✈ 미술관에서

☐ 이 티켓으로 모든 전시를 볼 수 있습니까?
Can I see everything with this ticket?

このチケットですべての展示が見られますか。

고노 치켓또데 스베떼노 덴지가 미라레마스까

☐ 무료 팸플릿은 있습니까?
Do you have a free brochure?

無料のパンフレットはありますか。

무료-노 팡후렛또와 아리마스까

☐ 짐을 맡아 주세요.
I'd like to check this baggage.

荷物を預かってください。

니모쯔오 아즈깟떼 구다사이

☐ 특별전을 하고 있습니까?
Are there any temporary exhibitions?

特別展はやっていますか。

토꾸베쯔뗑와 얏떼 이마스까

☐ 관내를 안내할 가이드는 있습니까?
Is there anyone who can guide me?

館内を案内するガイドはいますか。

칸나이오 안나이스루 가이도와 이마스까

☐ 이 그림은 누가 그렸습니까?
Who painted this picture?

この絵は誰が描いたのですか。

고노 에와 다레가 가이따노데스까

224

### ✈ 박물관에서

❏ 그 박물관은 오늘 엽니까?
　Is the museum open today?

　その博物館は今日開いていますか。
　소노 하꾸부쯔깡와 쿄- 아이떼 이마스까

❏ 단체할인은 있나요?
　Do you have a group discount?

　団体割引はありますか。
　단따이와리비끼와 아리마스까

❏ 재입관할 수 있습니까?
　Can I reenter?

　再入館できますか。
　사이뉴-깐 데끼마스까

❏ 내부를 견학할 수 있습니까?
　Can I take a look inside?

　内部は見学できますか。
　나이부와 켕가꾸 데끼마스까

❏ 출구는 어디입니까?
　Where is the exit?

　出口はどこですか。
　데구찌와 도꼬데스까

❏ 화장실은 어디입니까?
　Where is the rest room?

　トイレはどこですか。
　토이레와 도꼬데스까

관광 / 관람을 할 때

## ✈ 극장에서

□ **극장 이름은 뭡니까?**
What's the name of the theater?
映画館は何という名前ですか。
에-가깡와 난또 이우 나마에데스까

□ **오늘밤에는 무엇을 상영합니까?**
What's on tonight?
今夜の出し物は何ですか。
공야노 다시모노와 난데스까

□ **재미있습니까?**
Is it good?
面白いですか。
오모시로이데스까

□ **누가 출연합니까?**
Who appears on it?
誰が出演するのですか。
다레가 슈쓰엔스루노데스까

□ **오늘 표는 아직 있습니까?**
Are today's tickets still available?
今日の切符はまだありますか。
쿄-노 깁뿌와 마다 아리마스까

□ **몇 시에 시작됩니까?**
What time does it start?
何時に始まりますか。
난지니 하지마리마스까

### ✈ 콘서트·뮤지컬

❏ 뮤지컬을 보고 싶은데요.
We'd like to see a musical.

ミュージカルを見たいのですが。
뮤-지까루오 미따이노데스가

❏ 여기서 티켓을 예약할 수 있나요?
Can I make a ticket reservation here?

ここでチケットの予約ができますか。
고꼬데 치껫또노 요ㅗ야꾸가 데끼마스까

❏ 이번 주 클래식 콘서트는 없습니까?
Are there any classical concerts this week?

今週クラシックコンサートはありませんか。
곤슈- 쿠라식꾸 콘사-또와 아리마셍까

❏ 내일 밤 표를 2장 주세요.
Two for tomorrow night, please.

明日の晩の切符を2枚お願いします。
아시따노 반노 김뿌오 니마이 오네가이시마스

❏ 가장 싼 자리는 얼마입니까?
How much is the cheapest seat?

一番安い席はいくらですか。
이찌방 야스이 세끼와 이꾸라데스까

❏ 가장 좋은 자리를 주세요.
I'd like the best seats.

一番いい席をください。
이찌방 이- 세끼오 구다사이

관광 관람을 할 때

# UNIT 04 사진을 찍을 때

Travel Japanese

미술관이나 박물관에서는 사진촬영이 금지되어 있는 곳이 많으므로 게시판을 잘 살펴야 합니다. 삼각대, 플래시는 거의 금지되어 있습니다. 함부로 다른 사람에게 카메라를 향하는 것은 예의에 어긋나므로, 찍고 싶은 상대에게 허락을 받고 나서 사진을 찍어야 합니다.

---

_____ 필름 1통 주시겠어요?

Can I have a roll of _____ film?

**_____ フィルム一箱ください。**

휘루무오 히또하꼬 구다사이

| □ 컬러 | color | カラー | 카라 |
| □ 흑백 | black and white | 白黒 | 시로꾸로 |
| □ 24판 | 24 exposure | 24枚撮り | 니쥬—욤마이도리 |
| □ 36판 | 36 exposure | 36枚撮り | 산쥬—로꾸마이도리 |

---

Q : 사진 한 장 찍어 주시겠어요?

Will you take a picture of me?

**私の写真を撮っていただけますか。**

와따시노 샤싱오 돗떼 이따다께마스까

A : 좋습니다. 어느 버튼을 누르면 됩니까?

Okay. Which button should I press?

**いいですよ。どのボタンを押せばいいのですか。**

이-데스요. 도노 보땅오 오세바 이-노데스까

### ✈ 사진촬영을 허락받을 때

□ **여기서 사진을 찍어도 됩니까?**
May I take a picture here?

### ここで写真を撮ってもいいですか。
고꼬데 샤싱오 돗떼모 이-데스까

□ **여기서 플래시를 터뜨려도 됩니까?**
May I use a flash here?

### ここでフラッシュをたいてもいいですか。
고꼬데 후랏슈오 다이떼모 이-데스까

□ **비디오 촬영을 해도 됩니까?**
May I take a video?

### ビデオ撮影してもいいですか。
비데오 사쯔에- 시떼모 이-데스까

□ **당신 사진을 찍어도 되겠습니까?**
May I take your picture?

### あなたの写真を撮ってもいいですか。
아나따노 샤싱오 돗떼모 이-데스까

□ **함께 사진을 찍으시겠습니까?**
Would you take a picture with me?

### 一緒に写真を撮ってもらえませんか。
잇쇼니 샤싱오 돗떼 모라에마셍까

□ **미안해요, 바빠서요.**
Actually, I'm in a hurry.

### ごめんなさい、急いでいるんです。
고멘나사이 이소이데이룬데스

## ✈ 사진촬영을 부탁할 때

□ 사진 좀 찍어 주시겠어요?
Would you take a picture of me?

私の写真を撮ってもらえませんか。

와따시노 샤싱오 돗떼 모라에마셍까

□ 셔터를 누르면 됩니다.
Just push the button.

シャッターを押すだけです。

샷따-오 오스다께데스

□ 여기서 우리들을 찍어 주십시오.
Please take a picture of us from here.

ここから私たちを写してください。

고꼬까라 와따시타찌오 우쯔시떼 구다사이

□ 한 장 더 부탁합니다.
One more, please.

もう一枚お願いします。

모- 이찌마이 오네가이 시마스

□ 나중에 사진을 보내드리겠습니다.
I'll send you the picture.

あとで写真を送ります。

아또데 샤싱오 오꾸리마스

□ 주소를 여기서 적어 주시겠어요?
Could you write your address down here?

住所をここに書いてください。

쥬-쇼오 고꼬니 가이떼 구다사이

### → 필름가게에서

□ 이거하고 같은 컬러필름은 있습니까?
　Do you have the same color film as this?

　これと同じカラーフィルムは売っていますか。
　고레또 오나지 카라-휘루무와 웃떼 이마스까

□ 건전지는 어디서 살 수 있나요?
　Where can I buy a battery?

　電池はどこで買えますか。
　덴찌와 도꼬데 가에마스까

□ 어디서 현상할 수 있습니까?
　Where can I have this film developed?

　どこで現像できますか。
　도꼬데 겐조- 데끼마스까

□ 이것을 현상해 주시겠어요?
　Could you develop this film?

　これを現像してください。
　고레오 겐조-시떼 구다사이

□ 인화를 해 주시겠어요?
　Could you make copies of this picture?

　焼き増しをお願いします。
　야끼마시오 오네가이 시마스

□ 언제 됩니까?
　When can I have it done by?

　いつ仕上がりますか。
　이쯔 시아가리마스까

관광 사진을 찍을 때

# UNIT 05

## Travel Japanese

# 오락을 즐길 때

상대에게 어떤 분야에 흥미가 있는지를 물을 때는 どんな…が好(す)きですか 라고 하며, 이에 대해 좋아하면 …が好きです, 반대로 싫어하면 …が嫌(きら)いです라고 응답을 하면 됩니다. 매우 좋아하거나 싫어할 때는 …が大好き(大嫌い)です라고 하면 됩니다.

[ _____ 을(를) 주시겠어요?

May I have a _____ .

_____ **をお願(ねが)いします。**
오 오네가이시마스 ]

| □ 위스키 | whiskey | **ウイスキー** | 우이스키- |
| □ 콜라 | coke | **コーラ** | 코-라 |
| □ 커피 | coffee | **コーヒー** | 코-히- |
| □ 맥주 | beer | **ビール** | 비-루 |

Q : 쇼는 언제 시작됩니까?

When does the show start?

**ショーは何時(なんじ)から始(はじ)まりますか。**

쇼-와 난지까라 하지마리마스까

A : 곧 시작됩니다.

Very soon, sir.

**間(ま)もなくでございます。**

마모나꾸데 고자이마스

232

### ✈ 나이트클럽·디스코

☐ 좋은 나이트클럽은 있나요?
Do you know of a good nightclub?

### いいナイトクラブはありますか。
이- 나이또쿠라부와 아리마스까

☐ 디너쇼를 보고 싶은데요.
I want to see a dinner show.

### ディナーショーを見たいのですが。
디나-쇼-오 미따이노데스가

☐ 이건 무슨 쇼입니까?
What kind of show is this?

### これはどんなショーですか。
고레와 돈나 쇼-데스까

☐ 무대 근처 자리로 주시겠어요?
Can I have a table near the stage, please?

### 舞台の近くの席を下さいませんか。
부따이노 치까꾸노 세끼오 구다사이마셍까

☐ (클럽에서) 어떤 음악을 합니까?
What kind of music are you performing?

### どんな音楽をやっていますか。
돈나 옹가꾸오 얏떼 이마스까

☐ 함께 춤추시겠어요?
Will you dance with me?

### 一緒に踊りませんか。
잇쇼니 오도리마셍까

관광 오락을 즐길 때

## ✈ 가라오케에서

□ 이 가게에 가라오케는 있습니까?
Is there karaoke here?

この店にカラオケはありますか。

고노 미세니 가라오께와 아리마스까

□ 기본은 몇 시간입니까?
How many hours are the minimum time?

基本は何時間ですか。

기홍와 난지깐데스까

□ 요금은 얼마입니까?
How much is the admission?

料金はいくらですか。

료-낑와 이꾸라데스까

□ 신청곡을 부탁합니다.
Do you have request song?

リクエストをお願いします。

리꾸에스또오 오네가이 시마스

□ 한국 노래는 있습니까?
Do you have Korean music?

韓国の曲はありますか。

캉꼬꾸노 쿄꾸와 아리마스까

□ 노래를 잘 하시는군요.
You are a good singer.

歌が上手ですね。

우따가 죠-즈데스네

## ✈ 파친코에서

□ **파친코는 몇 시부터 합니까?**
What time does the casino open?

パチンコは何時からですか。
파찡꼬와 난지까라데스까

□ **좋은 파친코 가게를 소개해 주시겠어요?**
Could you recommend a good casino?

いいパチンコ屋を紹介してください。
이- 파찡꼬야오 쇼-까이시떼 구다사이

□ **파친코는 아무나 들어갈 수 있습니까?**
Is everyone allowed to enter casinos?

パチンコ屋へは誰でも入れますか。
파찡꼬야에와 다레데모 하이레마스까

□ **어떻게 하면 됩니까?**
How can I play this?

どうすればいいですか。
도- 스레바 이-데스까

□ **구슬은 어디서 바꿉니까?**
Where can I get chips?

玉はどうやって交換しますか。
다마와 도-얏떼 코-깐시마스까

□ **남은 구슬은 현금으로 바꿔 주세요.**
Cash, please.

残った玉を現金に変えたいんですが。
노꼿따 다마오 겡낀니 가에따인데스가

관광 오락을 즐길 때

# UNIT 06

## 스포츠를 즐길 때

스포츠에 관한 화제는 상대와의 공통점을 발견할 수 있는 좋은 기회로 쉽게 친해질 수 있는 계기가 됩니다. 어떤 스포츠를 하느냐고 물을 때는 どんなスポーツをやっていますか, 어떤 스포츠를 좋아하냐고 물을 때는 どんなスポーツがお好きですか라고 하면 됩니다.

---

저는 _____ 을(를) 하고 싶습니다.

I'd like to _____ .

私は _____ がやりたいんです。

와따시와 _____ 가 야리따인데스

---

- 골프 / play golf / ゴルフ / 고루후
- 테니스 / play tennis / テニス / 테니스
- 스키 / go skiing / スキー / 스키-
- 서핑 / go surfing / サーフィン / 사-휭

---

Q: 함께 하시겠어요?

Would you join us?

一緒にやりませんか。

잇쇼니 야리마셍까

A: 고맙습니다.

Thank you.

はい、どうも。

하이, 도-모

## → 스포츠를 관전할 때

☐ 농구시합을 보고 싶은데요.
I'd like to see a basketball game.

バスケットボールの試合がみたいんですが。
바스껫또보-루노 시아이가 미따인데스가

☐ 오늘 프로야구 시합은 있습니까?
Is there a professional baseball game today?

今日プロ野球の試合はありますか。
쿄- 푸로야뀨-노 시아이와 아리마스까

☐ 어디서 합니까?
Where is the stadium?

どこで行われますか。
도꼬데 오꼬나와레마스까

☐ 몇 시부터입니까?
What time does it begin?

何時からですか。
난지까라데스까

☐ 어느 팀의 시합입니까?
Which teams are playing?

どのチームの試合ですか。
도노 치-무노 시아이데스까

☐ 표는 어디서 삽니까?
Where can I buy a ticket?

切符はどこで買うのですか。
깁뿌와 도꼬데 가우노데스까

관광 스포츠를 즐길 때

### ✈ 골프·테니스

□ 테니스를 하고 싶은데요.
　We'd like to play tennis.

　テニスをしたいのですが。
　테니스오 시따이노데스까

□ 골프를 하고 싶은데요.
　We'd like to play golf.

　ゴルフをしたいのですが。
　고루후오 시따이노데스가

□ 골프 예약을 부탁합니다.
　Can I make a reservation for golf?

　ゴルフの予約をお願いします。
　고루후노 요야꾸오 오네가이시마스

□ 오늘 플레이할 수 있습니까?
　Can we play today?

　今日、プレーできますか。
　쿄-, 푸레- 데끼마스까

□ 그린피는 얼마입니까?
　How much is the green fee?

　グリーンフィーはいくらですか。
　구리-ㄴ휘-와 이꾸라데스까

□ 이 호텔에 테니스코트는 있습니까?
　Do you have a tennis court in the hotel?

　このホテルにテニスコートはありますか。
　고노 호떼루니 테니스코-또와 아리마스까

## ✈ 스키·크루징

☐ 스키를 하고 싶은데요.
I'd like to ski.

**スキーをしたいのですが。**
스끼-오 시따이노데스가

☐ 레슨을 받고 싶은데요.
I'd like to take ski lessons.

**レッスンを受けたいのですが。**
렛승오 우께따이노데스가

☐ 스키용품은 어디서 빌릴 수 있나요?
Where can I rent ski equipment?

**スキー用具はどこで借りることができますか。**
스끼- 요-구와 도꼬데 가리루 고또가 데끼마스까

☐ 리프트 승강장은 어디인가요?
Where can I get on a ski lift?

**リフト乗り場はどこですか。**
리후또 노리바와 도꼬데스까

☐ 짐은 어디에 보관하나요?
Where's the checkroom?

**荷物預かりはどこですか。**
니모쯔아즈까리와 도꼬데스까

☐ 어떤 종류의 쿠루징이 있습니까?
What kind of cruising do you have?

**どんな種類のクルージングがありますか。**
돈나 슈루이노 쿠루-징구가 아리마스까

관광 스포츠를 즐길 때

| 각종 표지 ||
|---|---|
| 男子用 | 남자용 |
| 婦人用・女子用 | 여성용 |
| 非常口 | 비상구 |
| 入場無料 | 무료입장 |
| 入口 | 입구 |
| 出口 | 출구 |
| 引く | 당기시오 |
| 押す | 미시오 |
| 止まれ | 멈추시오 |
| 予約済 | 예약됨 |
| 案内所 | 안내소 |
| 禁煙 | 금연 |
| 撮影禁止 | 촬영금지 |
| 使用中 | 사용중 |
| 開 | 열림(엘리베이터) |
| 閉 | 닫힘(엘리베이터) |
| 閉店 | 폐점 |
| 危険 | 위험 |
| 立入禁止 | 출입금지 |

# PART 7

# 쇼핑

가게를 찾을 때
물건을 찾을 때
물건을 고를 때
백화점·면세점에서
물건값을 계산할 때
포장·배송을 원할 때
물건에 대한 클레임

Travel Information

# 쇼핑에 관한 정보

## ✈ 쇼핑의 요령

여행에서 쇼핑도 빼놓을 수 없는 즐거움의 하나다. 꼭 필요한 품목은 미리 계획을 세워서 구입해야만 충동구매를 피할 수 있고, 귀국시 세관에서 통관 절차가 간단하다.

## ✈ 영업시간

일본의 일반 점포 및 가게들은 평일과 마찬가지로 토, 일요일과 국경일에도 아침 10시부터 오후 8시경까지 문을 연다. 백화점은 평일 하루만 정기휴일이며, 백화점마다 다르다. 전문점에 따라서는 일요일이나 국경일에 영업을 하지 않는 경우도 있다.
주의 할 것은 일본의 백화점 역시 우리나라의 백화점처럼 일반상점보다 적어도 1시간 일찍 문을 닫는다는 것이다. 대부분의 백화점 폐점시간은 19:00이다. 일반적으로 상점의 폐점시간이 우리나라보다 빠르므로 폐점시간 이후에는 일본 전역 어디서나 쉽게 만날 수 있는 24시간 편의점을 이용하면 된다.

## ✈ 소비세

일본에서는 1987년 4월 1일부터 모든 제품과 서비스에 5%의 소비세를 부과시키고 있다. 쇼핑을 할 때는 제품에 붙어 있는 가격에 5%를 더해서 계산해야 틀림이 없다. 이것은 식당에서 음식을 먹을 경우도 마찬가지다. 값이 쌀 경우는 별문제가 없지만 비싼 것일 경우는 5%의 세금도 무시하지 못한다.
그러나 외국인은 지정된 면세점에서 합계 10,000엔 이상의 물건을 샀을 경우 소비세 면세 혜택이 주어진다. 이때는 반드시 여권을 제시하고 상점에서 써주는 확인서를 받아 두는 것이 좋다. 하지만 신주쿠나 아키하바라의 할인 상점들은 물건값이 면세점보다 싸므로 5%의 소비세는 별로 신경 쓰지 않아도 된다.

## ✈ 할인점을 이용하라

어느 도시에서나 가장 저렴하게 쇼핑을 하고 싶다면, 그 도시에 사는 주민들에게 직접 물어보는 것이 가장 정확하다. 전자제품의 경우에도 우리가 흔히 알고 있는 도쿄의 아키하바라보다 아메요코 시장 옆에 있는 다케야가 같은 곳에서 물건을 훨씬 더 저렴한 가격에 구입할 수 있다. 다케야의 경우에는 관광객이나 여행객보다 도쿄의 주민들이 즐겨 찾는 상설 할인 매장이다.

이때 한 가지 주의 할 것은 이러한 할인 매장에서는 대부분 신용카드 결제가 되지 않으며 오로지 현금결재만이 가능하다는 것이다.

## ✈ 일본의 백화점

일본 도쿄의 긴자나 이케부쿠로, 교토의 기온, 하카타의 텐진 등 도시의 중심가에 들어서면 수없이 많은 백화점을 만날 수 있다. 일본의 백화점은 규모면에서 우리나라보다 조금 더 크긴 하지만, 전체적으로는 별반 차이가 없다고 봐도 무방하다. 일본 여행 중 거리에서 만날 수 있는 주요 백화점을 보면 다음과 같다.

다이마루 백화점     이세탄 백화점
도큐 백화점     세이부 백화점
다카시마야 백화점     이요테츠 소고 백화점

## ✈ 면세점

원칙적으로 세금을 내지 않고 세관을 통과할 수 있는 한도는 담배 한 보루, 양주 한 병, 기타 쇼핑품목의 합계 금액이 30만원 미만이다. 일본에서의 대표적인 쇼핑 품목은 전자 제품을 들 수 있으나 TV, VTR, 비디오카메라, 수동카메라 등 고가품은 면세로 통과가 되지 않는 경우가 많으므로 사전에 가게나 면세점 종업원에게 자문을 얻는 것이 좋다.

## ✈ 선물 고르기

그밖에 기념품으로 도자기, 렌즈, 세공품, 인형, 실크, 과자류 등은 관광지에서 구입할 수도 있다. 전자제품은 동경에서는 아키아바라, 오사카에서는 덴덴타운 그리고 큐슈에서는 후쿠오카의 덴진서쪽거리(天神西通)나 후쿠오카시청(福岡市役所) 부근에 가면 세계 유명 브랜드 제품에서 잡화, 전자제품등을 구입할 수 있다.

# UNIT 01

## Travel Japanese

## 가게를 찾을 때

쇼핑은 여행의 커다란 즐거움의 하나입니다. 싼 가게, 큰 가게, 멋진 가게, 대규모의 쇼핑센터 등을 사전에 알아두면 편리합니다. 가게를 찾을 때는 …はどこにあいますか。(…는 어디에 있습니까?)라고 묻고, 한국과는 다르게 일요일에 쉬는 가게가 많으므로 영업시간이나 휴업일을 미리 알아둡시다.

---

이 주변에 _____ 은(는) 있습니까?

Is there a _____ around here?

この辺に _____ はありますか。

고노 헨니       와 아리미스까

- 슈퍼마켓   supermarket   スーパー   스-빠-
- 쇼핑센터   shopping center   ショッピングセンター   숍핑구센따-
- 선물가게   gift store   お土産店   오미야게뗑
- 보석가게   jewelery store   宝石店   호-세끼뗑

---

**Q: 이건 어디서 살 수 있습니까?**

Where can I buy this?

### これはどこで買えますか。

고레와 도꼬데 가에마스까

**A: 할인점에서 살 수 있습니다.**

At the discount shop.

### あのショッピングセンターへ行けばありますよ。

아노 숍핑구센따-에 이께바 아리마스요

### ✈ 쇼핑센터를 찾을 때

❑ **쇼핑센터는 어디에 있습니까?**
Where's the shopping mall?

ショッピングセンターはどこにありますか。
숍핑구 센따-와 도꼬니 아리마스까

❑ **이 도시의 쇼핑가는 어디에 있습니까?**
Where is the shopping area in this town?

この町(まち)のショッピング街(がい)はどこですか。
고노 마찌노 숍핑구가이와 도꼬데스까

❑ **쇼핑 가이드는 있나요?**
Do you have a shopping guide?

ショッピングガイドはありますか。
숍핑구 가이도와 아리마스까

❑ **선물은 어디서 살 수 있습니까?**
Where can I buy some souvenirs?

おみやげはどこで買(か)えますか。
오미야게와 도꼬데 가에마스까

❑ **면세점은 있습니까?**
Is there a duty-free shop?

免税店(めんぜいてん)はありますか。
멘제-뗑와 아리마스까

❑ **이 주변에 백화점은 있습니까?**
Is there a department store around here?

この辺(あた)りにデパートはありますか。
고노 아따리니 데빠-또와 아리마스까

쇼핑 가게를 찾을 때

## ✈ 가게를 찾을 때

□ 가장 가까운 슈퍼는 어디에 있습니까?
Where's the nearest grocery store?

一番近いスーパーはどこですか。
이찌반 치까이 스-빠-와 도꼬데스까

□ 편의점을 찾고 있습니다.
I'm looking for a convenience store.

コンビニを探しています。
콤비니오 사가시떼 이마스

□ 좋은 스포츠 용품점을 가르쳐 주시겠어요?
Could you recommend a good sporting goods store?

いいスポーツ用具店を教えてください。
이- 스뽀-쯔 요-구뗑오 오시에떼 구다사이

□ 세일은 어디서 하고 있습니까?
Who's having a sale?

バーゲンはどこでやっていますか。
바-겡와 도꼬데 얏떼 이마스까

□ 이 주변에 할인점은 있습니까?
Is there a discount shop around here?

この辺りにディスカウントショップはありますか。
고노 아따리니 디스카운또숍뿌와 아리마스까

□ 그건 어디서 살 수 있나요?
Where can I buy it?

それはどこで買えますか。
소레와 도꼬데 가에마스까

### ✈ 가게로 가고자 할 때

□ 그 가게는 오늘 문을 열었습니까?
　Is that shop open today?

　その店は今日開いていますか。
　소노 미세와 쿄- 아이떼 이마스까

□ 여기서 멉니까?
　Is that far from here?

　ここから遠いですか。
　고꼬까라 토-이데스까

□ 몇 시에 개점합니까?
　What time do you open?

　何時に開店しますか。
　난지니 카이뗀 시마스까

□ 몇 시에 폐점합니까?
　What time do you close?

　何時に閉店しますか。
　난지니 헤-뗀 시마스까

□ 영업시간은 몇 시부터 몇 시까지입니까?
　What are your business hours?

　営業時間は何時から何時までですか。
　에-교-지깡와 난지까라 난지마데 데스까

□ 몇 시까지 합니까?
　How late are you open?

　何時まで開いていますか。
　난지마데 아이떼 이마스까

쇼핑 / 가게를 찾을 때

247

## 각종 가게

| 백화점 | デパート [데빠-또] |
|---|---|
| 슈퍼마켓 | スーパー(マーケット) [스-빠-(마-껫또)] |
| 시장 | 市場(いちば) [이찌바] |
| 은행 | 銀行(ぎんこう) [깅꼬-] |
| 약국 | 薬屋(くすりや) [구스리야] |
| 골동품점 | 骨董屋(こっとうや) [곳또-야] |
| 화랑 | 画廊(がろう) [가로-] |
| 서점 | 書店(しょてん) [쇼뗑]・本屋(ほんや) [홍야] |
| 문방구점 | 文房具屋(ぶんぼうぐや) [붐보-구야] |
| 식료품점 | 食料品店(しょくりょうひんてん) [쇼꾸료-힌뗀] |
| 정육점 | 肉屋(にくや) [니꾸야] |
| 생선가게 | 魚屋(さかなや) [사까나야] |
| 야채가게 | 八百屋(やおや) [야오야] |
| 제과점 | パン屋(や) [팡야] |
| 과자가게 | 菓子屋(かしや) [가시야] |
| 포목점 | 生地屋(きじや) [기지야] |
| 세탁소 | クリーニング屋(や) [쿠리-닝구야] |
| 이발소 | 理髪店(りはつてん) [리하쯔뗑] |
| 미용실 | 美容室(びようしつ) [비요-시쯔] |
| 꽃집 | 花屋(はなや) [하나야] |
| 화장품가게 | 化粧品店(けしょうひんてん) [게쇼-힌뗀] |
| 전기제품점 | 電気器具店(でんききぐや) [뎅끼키구야] |
| 카메라점 | カメラ屋(や) [카메라야] |
| 주유소 | ガソリン・スタンド [가소린・스딴도] |
| 모자가게 | 帽子屋(ぼうしや) [보-시야] |
| 보석상점 | 宝石屋(ほうせきや) [호-세끼야] |

| | | |
|---|---|---|
| 안경점 | 眼鏡屋(めがねや) | [메가네야] |
| 사진점 | 写真屋(しゃしんや) | [샤싱야] |
| 양화점 | 靴屋(くつや) | [구쯔야] |
| 토산품점 | 土産物屋(みやげや) | [미야게야] |
| 스포츠용품점 | スポーツ用品店(ようひんてん) | [요-힌뗑] |
| 양복점 | 洋服店(ようふくてん) | [요-후꾸뗑] |
| 양장점 | 婦人服店(ふじんふくてん) | [후징후꾸뗑] |
| 장난감가게 | おもちゃ屋(や) | [오모쨔야] |
| 시계점 | 時計屋(とけいや) | [도께-야] |
| 주류판매점 | 酒屋(さかや) | [사까야] |

## 가게에서 쓰이는 말

| | | |
|---|---|---|
| 개점 | 開店(かいてん) | [가이뗑] |
| 폐점 | 閉店(へいてん) | [헤-뗑] |
| 금일휴업 | 本日休業(ほんじつきゅうぎょう) | [혼지쯔큐-교-] |
| 특매품 | 特売商品(とくばいしょうひん) | [토꾸바이쇼-힝] |
| 브랜드 | ブランド | [부란도] |
| 메이커 | メーカー | [메-까] |
| 일본제품 | 日本製品(にほんせいひん) | [니혼세-힝] |
| 종이봉지 | 紙袋(かみぶくろ) | [가미부꾸로] |
| 가격인하 | 値引(ねび)き | [네비끼] |
| 점원 | 店員(てんいん) | [뗑잉] |
| 점장 | 店長(てんちょう) | [뗀쬬-] |
| 윈도우 | ウィンドー | [윈도-] |
| 배달 | 配達(はいたつ) | [하이따쯔] |
| 배송 | 配送(はいそう) | [하이소-] |
| 교환 | 交換(こうかん) | [코-깡] |
| 환불 | 返金(へんきん) | [헹낑] |

# UNIT 02 물건을 찾을 때

가게에 들어가면 점원에게 가볍게 인사를 합시다. 何をお探しですが(뭘 찾으십니까?)라고 물었을 때 살 마음이 없는 경우에는 見ているだけです。(보고 있습니다.)라고 대답합니다. 말을 걸었는데 대답을 하지 않거나 무시하는 것은 상대에게 실례가 됩니다.

_____ 을(를) 보여 주세요.

Please show me _____

_____ を見せてください。

오 미세떼 구다사이

| 이것 | this | これ | 고레 |
| 저것 | that | あれ | 아레 |
| 티셔츠 | T-shirt | Tシャツ | 티샤쯔 |
| 선글라스 | sunglasses | サングラス | 상구라스 |

### Q : 무얼 찾으십니까?

What can I do for you?

### 何をお探しですか。

나니오 오사가시데스까?

### A : 스커트를 찾고 있는데요.

I'm looking for a skirt.

### スカートを探しているのですが。

스까-또오 사가시떼 이루노데스가.

### ✈ 가게 안에서

□ (점원) 어서 오십시오.
What can I do for you?

いらっしゃいませ。
이랏샤이마세

□ 무얼 찾으십니까?
May I help you?

何かお探しですか。
나니까 오사가시데스까

□ 그냥 구경하는 겁니다.
I'm just looking.

見ているだけです。
미떼이루 다께데스

□ 필요한 것이 있으시면 말씀하십시오.
If you need any help, let me know.

何かご用がありましたら、お知らせください。
나니까 고요-가 아리마시따라, 오시라세 구다사이

### ✈ 물건을 찾을 때

□ 여기 잠깐 봐 주시겠어요?
Hello. Can you help me?

ちょっとよろしいですか。
촛또 요로시-데스까

□ 블라우스를 찾고 있습니다.
I'm looking for a blouse.

ブラウスを探しています。
부라우스오 사가시떼 이마스

❏ 코트를 찾고 있습니다.
I'm looking for a coat.

コートを探しているのです。
코-또오 사가시떼 이루노데스

❏ 운동화를 사고 싶은데요.
I want a pair of sneakers.

スニーカーを買いたいのです。
스니-까오 가이따이노데스

❏ 아내에게 선물할 것을 찾고 있습니다.
I'm looking for something for my wife.

妻へのプレゼントを探しています。
쓰마에노 푸레젠또오 사가시떼 이마스

❏ 캐주얼한 것을 찾고 있습니다.
I'd like something casual.

カジュアルなものを探しています。
카쥬아루나 모노오 사가시떼 이마스

❏ 샤넬은 있습니까?
Do you have Chanel?

シャネルは置いてありますか。
샤네루와 오이떼 아리마스까

❏ 선물로 적당한 것은 없습니까?
Could you recommend something good for a souvenir?

何かおみやげに適当な物はありませんか。
나니까 오미야게니 데끼또-나 모노와 아리마셍까

### ✈ 구체적으로 찾는 물건을 말할 때

❏ 저걸 보여 주시겠어요?
Would you show me that one?

### あれを見せてください。
아레오 미세떼 구다사이

❏ 면으로 된 것이 필요한데요.
I'd like something in cotton.

### 綿素材のものが欲しいんですが。
멘 소자이노 모노가 호시인데스가

❏ 이것과 같은 것은 있습니까?
Do you have any more like this?

### これと同じものはありますか。
고레또 오나지 모노와 아리마스까

❏ 이것뿐입니까?
Is this all?

### これだけですか。
고레다께데스까

❏ 이것 6호는 있습니까?
Do you have this in size six?

### これの6号はありますか。
고레노 로꾸 고-와 아리마스까

❏ 30세 정도의 남자에게는 뭐가 좋을까요?
What do you suggest for a thirty-year-old man?

### 30歳くらいの男性には何がいいですか。
산쥿사이 쿠라이노 단세-니와 나니가 이-데스까

# UNIT 03

Travel Japanese

# 물건을 고를 때

가게에 들어가서 상품에 함부로 손을 대지 않도록 합시다. 가게에 진열되어 있는 상품은 어디까지나 샘플이기 때문에 손을 대는 것은 살 마음이 있다고 상대가 받아들일 수도 있습니다. 보고 싶을 경우에는 옆에 있는 점원에게 부탁을 해서 꺼내오도록 해야 합니다.

---

이건 저에게 너무 _____

This is too _____ for me.

## これは私に少し_____。

고레와 와따시니 스꼬시

| 큽니다 | big | 大きすぎます | 오-끼스기마스 |
| 작습니다 | small | 小さすぎます | 치이사스기마스 |
| 깁니다 | long | 長すぎます | 나가스기마스 |
| 짧습니다 | short | 短すぎます | 미지까스기마스 |

---

Q: 어떤 게 좋을까요?

Which one looks better?

## どっちがいいと思いますか。

돗찌가 이-또 오모이마스까

A: 모두 어울립니다.

They both look good on you.

## どちらもお似合いですよ。

도찌라모 오니아이데스요

### ✈ 물건을 보고 싶을 때

□ 그걸 봐도 될까요?
May I see it?

それを見てもいいですか。
소레오 미떼모 이-데스까

□ 몇 가지 보여 주세요.
Could you show me some?

いくつか見せてください。
이꾸쓰까 미세떼 구다사이

□ 이 가방을 보여 주시겠어요?
Could you show me this bag?

このバッグを見せてもらえますか。
고노 박구오 미세떼 모라에마스까

□ 다른 것을 보여 주시겠어요?
Can you show me another one?

別のものを見せていただけますか。
베쯔노 모노오 미세떼 이따다께마스까

□ 더 품질이 좋은 것은 없습니까?
Do you have anything of better quality?

もっと質のいいのはありませんか。
못또 시쯔노 이-노와 아리마셍까

□ 잠깐 다른 것을 보겠습니다.
I'll try somewhere else.

ちょっと他のものを見てみます。
촛또 호까노 모노오 미떼미마스

쇼핑 물건을 고를 때

### ✈ 색상을 고를 때

□ 무슨 색이 있습니까?
What kind of colors do you have?

何色がありますか。

나니이로가 아리마스까

□ 빨간 것은 있습니까?
Do you have a red one?

赤いのはありますか。

아까이노와 아리마스까

□ 너무 화려(수수)합니다.
This is too flashy(plain).

派手(地味)すぎます。

하데(지미)스기마스

□ 더 화려한 것은 있습니까?
Do you have a flashier one?

もっと派手なのはありますか。

못또 하데나노와 아리마스까

□ 더 수수한 것은 있습니까?
Do you have a plainer one?

もっと地味なのはありますか。

못또 지미나노와 아리마스까

□ 이 색은 좋아하지 않습니다.
I don't like this color.

この色は好きではありません。

고노 이로와 스끼데와 아리마셍

## ✈ 디자인을 고를 때

❏ **다른 스타일은 있습니까?**
Do you have any other style?

ほかの型はありますか。
호까노 가따와 아리마스까

❏ **어떤 디자인이 유행하고 있습니까?**
What kind of style is now in fashion?

どんなデザインが流行していますか。
돈나 데자인가 류-꼬-시떼 이마스까

❏ **이런 디자인은 좋아하지 않습니다.**
I don't like this design.

このデザインは好きではありません。
고노 데자잉와 스끼데와 아리마셍

❏ **다른 디자인은 있습니까?**
Do you have any other design?

他のデザインはありますか。
호까노 데자잉와 아리마스까

❏ **디자인이 비슷한 것은 있습니까?**
Do you have one with a similar design?

デザインが似ているものはありますか。
데자잉가 니떼이루 모노와 아리마스까

❏ **이 벨트는 남성용입니까?**
Is this belt for men?

このベルトは男物ですか。
고노 베루또와 오또꼬모노데스까

쇼핑 | 물건을 고를 때

### ✈ 사이즈를 고를 때

□ **어떤 사이즈를 찾으십니까?**
What size are you looking for?

**どのサイズをお探しですか。**
도노 사이즈오 오사가시데스까

□ **사이즈는 이것뿐입니까?**
Is this the only size you have?

**サイズはこれだけですか。**
사이즈와 고레다께데스까

□ **제 사이즈를 모르겠는데요.**
I don't know my size.

**自分のサイズがわからないのですが。**
지분노 사이즈가 와까라나이노데스가

□ **사이즈를 재주시겠어요?**
Could you measure me?

**サイズを測っていただけますか。**
사이즈오 하깟떼 이따다께마스까

□ **더 큰 것은 있습니까?**
Do you have a bigger one?

**もっと大きいのはありますか。**
못또 오-끼-노와 아리마스까

□ **더 작은 것은 있습니까?**
Do you have a smaller one?

**もっと小さいのはありますか。**
못또 치-사이노와 아리마스까

### ✈ 품질에 대한 질문

❑ 재질은 무엇입니까?
What's this made of?

材質は何ですか。
자이시쯔와 난데스까

❑ 일제입니까?
Is this made in Japan?

日本製ですか。
니혼세-데스까

❑ 질은 괜찮습니까?
Is this good quality?

質はいいですか。
시쯔와 이-데스까

❑ 이건 실크 100%입니까?
Is this 100%(a hundred percent) silk?

これはシルク100%ですか。
고레와 시루꾸 햐꾸 파-센또데스까

❑ 이건 수제입니까?
Is this hand-made?

これはハンドメイドですか。
고레와 한도메이도데스까

❑ 이건 무슨 향입니까?
What's this fragrance?

これは何の香りですか。
고레와 난노 가오리데스까

## 전자제품 · 사진

| | | |
|---|---|---|
| 전기밥솥 | 電気釜(でんきがま) | [뎅끼가마] |
| 다리미 | アイロン | [아이롱] |
| 시계 | 時計(とけい) | [도께-] |
| 손목시계 | 腕時計(うでどけい) | [우데도께-] |
| 전지 | 電池(でんち) | [덴찌] |
| 전기면도기 | 電気(でんき)かみそり | [뎅끼카미소리] |
| 자명종 | 目覚(めざ)まし時計(どけい) | [메자마시도께-] |
| 전자계산기 | 電卓(でんたく) | [덴따꾸] |
| 믹서 | ミキサー | [미끼사-] |
| 컴퓨터 | パソコン | [파소꽁] |
| 노트북 | ノートブック | [노-또북꾸] |
| 라디오 | ラジオ | [라지오] |
| 라디오카세트 | ラジカセ | [라지까세] |
| 비디오 | ビデオ | [비데오] |
| 텔레비전 | テレビ | [테레비] |
| 리모콘 | リモコン | [리모꽁] |
| 에어컨 | エアコン | [에아꽁] |
| 카메라 | カメラ | [카메라] |
| 무비카메라 | ムービカメラ | [무-비카메라] |
| 필름 | フィルム | [휘루무] |
| 흑백 | 白黒(しろくろ) | [시로꾸로] |
| 컬러 | カラー | [카라-] |
| 현상 | 現像(げんぞう) | [겐조-] |
| 확대 | 引(ひ)き延(の)ばし | [히끼노바시] |
| 인화 | 焼(や)き付(つ)け | [야끼쓰께] |
| 필터 | フィルター | [휘루따-] |

## 기념품 · 화장품

| | | |
|---|---|---|
| 죽제품 | 竹製品(たけせいひん) | [다께세-힝] |
| 인형 | 人形(にんぎょう) | [닝교-] |
| 귀걸이 | イヤリング | [이야링구] |
| 목걸이 | ネックレス | [넥꾸레스] |
| 부채 | 扇子(せんす) | [센스] |
| 민예품 | 民芸品(みんげいひん) | [밍게-힝] |
| 핸드백 | ハンドバッグ | [항도박구] |
| 칠기 | 塗(ぬ)り物(もの) | [누리모노] |
| 그림엽서 | 絵(え)ハガキ | [에하가끼] |
| 도기 | 陶器(とうき) | [토-끼] |
| 장난감 | 玩具(おもちゃ) | [오모쨔] |
| 분 | おしろい | [오시로이] |
| 립스틱 | 口紅(くちべに) | [구찌베니] |
| 향수 | 香水(こうすい) | [코-스이] |
| 아세톤 | マニキュア・リムーバー | [마니큐아・리무-바-] |
| 아이라이너 | アイライナー | [아이라이나-] |
| 아이섀도 | アイシャドー | [아이샤도-] |
| 방취제 | 防臭剤(ぼうしゅざい) | [보-슈자이] |
| 손톱깎이 | つめきり | [쓰메끼리] |
| 면도기 | かみそり | [가미소리] |
| 면도날 | かみそりの刃(は) | [가미소리노하] |
| 비누 | せっけん | [섹껭] |
| 칫솔 | 歯(は)ブラシ | [하부라시] |
| 치약 | 歯(は)みがきこ | [하미가끼꼬] |
| 화장지 | トイレペーパー | [토이레페-빠-] |
| 빗 | くし・ヘアブラシ | [구시・헤아부라시] |

## 옷과 신발

| | |
|---|---|
| 양복 | 洋服(ようふく) [요-후꾸] |
| 신사복 | 背広(せびろ) [세비로] |
| 블라우스 | ブラウス [부라우스] |
| 단추 | ボタン [보땅] |
| 넥타이 | ネクタイ [네꾸따이] |
| 겉옷 | 上着(うわぎ) [우와기] |
| 속옷 | 下着(したぎ) [시따기] |
| 스커트 | スカート [스까-또] |
| 속치마 | スリップ [스립뿌] |
| 바지 | ズボン [즈봉] |
| 코트 | コート [코-또] |
| 재킷 | ジャケット [쟈껫또] |
| 잠옷 | 寝巻(ねま)き [네마끼] |
| 스카프 | スカーフ [스까-후] |
| 장갑 | 手袋(てぶくろ) [테부꾸로] |
| 손수건 | ハンカチ [항까치] |
| 양말 | 靴下(くつした) [구쯔시따]・ソックス [속꾸스] |
| 스타킹 | ストッキング [스토낑구] |
| 벨트 | ベルト [베루또] |
| 주머니 | ポケット [포껫또] |
| 소매 | 袖(そで) [소데] |
| 칼라 | 襟(えり) [에리] |
| 구두・신발 | 靴(くつ) [구쯔]・履物(はきもの) [하끼모노] |
| 슬리퍼 | スリッパ [스립빠] |
| 부츠 | ブーツ [부-쯔] |
| 샌들 | サンダル [산다루] |

## 귀금속·책·문구류와 완구

| | | |
|---|---|---|
| 다이아몬드 | ダイヤモンド | 〔다이야몬도〕 |
| 에메랄드 | エメラルド | 〔에메라루도〕 |
| 진주 | 真珠(しんじゅ) | 〔신쥬〕 |
| 금 | 金(きん) | 〔킹〕 |
| 책 | 本(ほん) | 〔홍〕 |
| 사전 | 辞典(じてん) | 〔지뗑〕 |
| 신문 | 新聞(しんぶん) | 〔심붕〕 |
| 잡지 | 雑誌(ざっし) | 〔잣시〕 |
| 지도 | 地図(ちず) | 〔치즈〕 |
| 도로지도 | 道路地図(どうろちず) | 〔도-로치즈〕 |
| 안내서 | 案内書(あんないしょ) | 〔안나이쇼〕 |
| 노트 | ノート | 〔노-또〕 |
| 볼펜 | ボールペン | 〔보-루뼁〕 |
| 연필 | 鉛筆(えんぴつ) | 〔엠삐쯔〕 |
| 지우개 | 消(け)しゴム | 〔게시고무〕 |
| 만년필 | 万年筆(まんねんひつ) | 〔만넹히쯔〕 |
| 샤프펜슬 | シャープペンシル | 〔샤-뿌펜시루〕 |
| 풀 | のり | 〔노리〕 |
| 봉투 | 封筒(ふうとう) | 〔후-또-〕 |
| 편지지 | 便(びん)せん | 〔빈셍〕 |
| 엽서 | 葉書(はがき) | 〔하가끼〕 |
| 그림엽서 | 絵葉書(えはがき) | 〔에하가끼〕 |
| 카드(트럼프) | トランプ | 〔토람뿌〕 |
| 가위 | はさみ | 〔하사미〕 |
| 끈 | 紐(ひも) | 〔히모〕 |
| 캘린더 | カレンダー | 〔카렌다-〕 |
| 레코드 | レコード | 〔레꼬-도〕 |
| 테이프 | テープ | 〔테-뿌〕 |

# UNIT 04

## Travel Japanese

# 백화점·면세점에서

백화점은 가장 안전하고 좋은 물건을 구입할 수 있는 곳입니다. 또한 저렴하게 좋은 물건을 구입할 수 있는 곳으로는 국제공항의 출국 대합실에 免税店(Duty Free)이라는 간판을 내걸고 술, 향수, 보석, 담배 등을 파는 면세점이 있습니다. 나라나 도시에 따라서는 시내에도 공인 면세점이 있어 해외여행자의 인기를 모으고 있습니다.

---

[ _____ 은(는) 몇 층에 있습니까?
What floor is _____ on?

**_____ は何階にありますか。**

와 낭까이니 아리마스까 ]

- □ 남성복    men's wear      **紳士服**    신시후꾸
- □ 여성복    women's wear    **婦人服**    후징후꾸
- □ 장난감    toy                 **おもちゃ**    오모쨔
- □ 화장품    cosmetics       **化粧品**    게쇼-힝

---

**Q : 선물용 술을 찾고 있는데요.**
I'm looking for liquor for a souvenir.

**おみやげ用の酒を探していますが。**

오미야게요노 사께오 사가시떼 이마스가

**A : 여권을 보여 주시겠어요?**
May I see your passport?

**パスポートを見せていただけますか。**

파스뽀-또오 미세떼 이따다께마스까

### ✈ 매장을 찾을 때

☐ 신사복 매장은 몇 층입니까?
What floor is men's wear on?

紳士服売場は何階ですか。
신시후꾸 우리바와 낭까이데스까

☐ 여성용 매장은 어디에 있습니까?
Where's the ladies' department?

女性ものの売場はどこですか。
죠세-모노노 우리바와 도꼬데스까

☐ 화장품은 어디서 살 수 있습니까?
Where do you sell cosmetics?

化粧品はどこで買えますか。
케쇼-힝와 도꼬데 가에마스까

☐ 저기에 디스플레이 되어 있는 셔츠는 어디에 있습니까?
Where can I find that shirt?

あそこに飾ってあるシャツはどこにありますか。
아소꼬니 가잣떼 아루 샤쓰와 도꼬니 아리마스까

☐ 세일하는 물건을 찾고 있습니다.
I'm looking for some bargains.

バーゲン品を探しています。
바-겐힝오 사가시떼 이마스

☐ 선물은 어디서 살 수 있나요?
Where can I buy some souvenirs?

おみやげはどこで買えますか。
오미야게와 도꼬데 가에마스까

쇼핑 · 백화점 · 면세점에서

265

## ✈ 물건을 고를 때

□ **다른 상품을 보여 주세요.**
Please show me another one.

他の商品を見せてください。

호까노 쇼-힝오 미세떼 구다사이

□ **예산은 어느 정도이십니까?**
How much would you like to spend?

ご予算はおいくらぐらいでしょう?

고요-상와 오이꾸라 구라이데쇼-

□ **신상품은 어느 것입니까?**
Which are brand-new items?

新商品はどれですか。

신쇼-힝와 도레데스까

□ **손질은 어떻게 하면 됩니까?**
How do you take care of this?

お手入れはどうすればいいですか。

오떼이레와 도-스레바 이-데스까

□ **이것은 어느 브랜드입니까?**
What brand is this?

これはどのブランドですか。

고레와 도노 부란도데스까

□ **신상품은 어느 것입니까?**
Which are brand-new items?

新商品はどれですか。

신쇼-힝와 도레데스까

## ✈ 면세점에서

☐ 면세점은 어디에 있습니까?
Where's a duty free shop?

免税店はどこにありますか。
멘제-뗑와 도꼬니 아리마스까

☐ 얼마까지 면세가 됩니까?
How much duty free can I buy?

いくらまで免税になりますか。
이꾸라마데 멘제-니 나리마스까

☐ 어느 브랜드가 좋겠습니까?
What brand do you suggest?

どの銘柄がいいですか。
도노 메-가라가 이-데스까

☐ 이 가게에서는 면세로 살 수 있습니까?
Can I buy things duty free here?

この店では免税で買うことができますか。
고노 미세데와 멘제-데 가우 고또가 데끼마스까

☐ 여권을 보여 주십시오.
May I have your passport, please?

パスポートを拝見します。
파스뽀-또오 하이껭 시마스

☐ 비행기를 타기 전에 수취하십시오.
Receive before boarding.

飛行機に乗る前にお受け取りください。
히꼬-끼니 노루 마에니 오우께또리 구다사이

# UNIT 05 | Travel Japanese

## 물건값을 계산할 때

가격을 흥정할 때는 少し割引きできませんか, 지불할 때는 全部でいくら(になり)ますか라고 합니다. 거의 모든 가게에서 현금, 신용카드, 여행자수표 등으로 물건값을 계산할 수 있지만, 여행자수표를 사용할 때는 여권의 제시를 요구하는 가게도 있습니다. 번잡한 가게나 작은 가게에서는 여행자수표를 꺼리는 경우도 있습니다.

---

[ _____ 은(는) 받습니까?
Do you accept _____ ?

_____ でいいですか。
데 이-데스까 ]

- 신용카드 credit card　**クレジットカード**　쿠레짓또카-도
- 여행자수표 traveler's checks　**トラベラーズチェック**　토라베라-즈첵꾸
- 비자 Visa　**ビザ**　비자
- 마스터카드 MasterCard　**マスターカード**　마스따-카-도

---

### Q: 얼마입니까?
How much is this?

**おいくらですか。**

오이꾸라데스까

### A: 200엔입니다.
It's Y200(two hundred Yen).

**200円です。**

니햐꾸엔데스

## ✈ 가격을 물을 때

☐ 계산은 어디서 합니까?
  Where is the cashier?

  会計はどちらですか。
  카이께-와 도찌라데스까

☐ 전부해서 얼마가 됩니까?
  How much is it all together?

  全部でいくらになりますか。
  젬부데 이꾸라니 나리마스까

☐ 하나에 얼마입니까?
  How much for one?

  1つ、いくらですか。
  히또쯔 이꾸라데스까

☐ (다른 상품의 가격을 물을 때) 이건 어때요?
  How about this one?

  これはどうですか。
  고레와 도-데스까

☐ 이건 세일 중입니까?
  Is this on sale?

  これはセール中ですか。
  고레와 세-루쮸데스까

☐ 세금이 포함된 가격입니까?
  Does it include tax?

  税金は含まれた額ですか。
  제이낑와 후꾸마레따 가꾸데스까

쇼핑 물건값을 계산할 때

## ➜ 가격을 깎을 때

□ 너무 비쌉니다.
It's too expensive.

高すぎます。
다까스기마스

□ 깎아 주시겠어요?
Can you give a discount?

負けてくれますか。
마께떼 구레마스까

□ 더 싼 것은 없습니까?
Anything cheaper?

もっと安い物はありませんか。
못또 야스이 모노와 아리마셍까

□ 더 싸게 해 주실래요?
Will you take less than that?

もっと安くしてくれませんか。
못또 야스꾸시떼 구레마셍까

□ 깎아주면 사겠습니다.
If you discount I'll buy.

負けてくれたら買います。
마께떼 구레따라 가이마스

□ 현금으로 지불하면 더 싸게 됩니까?
Do you give discounts for cash?

現金払いなら安くなりますか。
겡킹 하라이나라 야스꾸 나리마스까

## ✈ 구입 결정과 지불 방법

☐ 이걸로 하겠습니다.
I'll take this.

### これにします。
고레니 시마스

☐ 이것을 10개 주세요.
I'll take ten of these.

### これを10個ください。
고레오 쥭-꼬 구다사이

☐ 지불은 어떻게 하시겠습니까?
How would you like to pay?

### お支払いはどうなさいますか。
오시하라이와 도- 나사이마스까

☐ 카드도 됩니까?
May I use a credit card?

### カードで支払いできますか。
카-도데 시하라이 데끼마스까

☐ 여행자수표도 받나요?
Can I use traveler's checks?

### トラベラーズチェックで支払いできますか。
토라베라-즈 첵꾸데 시하라이 데끼마스까

☐ 영수증을 주시겠어요?
Could I have a receipt?

### 領収書をいただけますか。
료-슈-쇼오 이따다께마스까

쇼핑 물건값을 계산할 때

# UNIT 06

## Travel Japanese

# 포장·배송을 원할 때

구입한 물건을 들 수 없는 경우에는 호텔까지 배달을 부탁합니다. 한국으로 직접 배송을 원하는 경우에는 항공편인지 선편인지 확인하는 것을 잊지 말고 선편이라면 한국까지 상당한 시간이 걸립니다. 빠른 것을 원할 경우에는 항공편이나 국제택배 등을 이용하는 것이 좋을 것입니다.

[ 이것을 _____ 으(로)보내 주시겠어요?

Could you send this to_____

**これを _____ に送っていただけますか。**

고레오    니 오꿋떼 이따다께마스까 ]

- □ 제 호텔    my hotel    **私のホテル**    와따시노 호떼루
- □ 이 주소    this address    **この住所**    고노 쥬-쇼
- □ 한국    Korea    **韓国**    캉꼬꾸
- □ 서울    Seoul    **ソウル**    소우루

Q : 따로따로 싸 주세요.

Please wrap them separately.

**別々に包んでください。**

베쓰베쓰니 쓰쓴데 구다사이

A : 알겠습니다.

Oh, okay.

**かしこまりました。**

가시꼬마리마시다

## ✈ 포장을 부탁할 때

□ 봉지를 주시겠어요?
Could I have a bag?

袋をいただけますか。
후꾸로오 이따다께마스까

□ 봉지에 넣기만 하면 됩니다.
Just put it in a bag, please.

袋に入れるだけでけっこうです。
후꾸로니 이레루다께데 겍꼬-데스

□ 이걸 선물용으로 포장해 주시겠어요?
Can you gift-wrap this?

これをギフト用に包んでもらえますか。
고레오 기후또요-니 쓰쓴데 모라에마스까

□ 따로따로 포장해 주세요.
Please wrap them separately.

別々に包んでください。
베쓰베쓰니 쓰쓴데 구다사이

□ 이거 넣을 박스 좀 얻을 수 있나요?
Is it possible to get a box for this?

これを入れるボックスをいただけますか。
고레오 이레루 복꾸스오 이따다께마스까

□ 이거 포장할 수 있나요? 우편으로 보내고 싶은데요.
Can you wrap this up? I want to send it by mail.

これ包んでもらえますか、郵便で送りたいんですが。
고레 쓰쓴데 모라에마스까, 유-빈데 오꾸리따인데스가

쇼핑 포장・배송을 원할 때

## → 배달을 원할 때

□ 이걸 ○○호텔까지 갖다 주시겠어요?
Could you send this to ○○Hotel?

○○ホテルまでこれを届けてもらえますか。
○○호떼루마데 고레오 도도께떼 모라에마스까

□ 오늘 중으로(내일까지) 배달해 주었으면 하는데요.
I'd like to have it today(by tomorrow).

今日中に(明日まで)届けてほしいのです。
쿄-쥬니(아시따마데) 토도께떼 호시이노데스

□ 언제 배달해 주시겠습니까?
When would it arrive?

いつ届けてもらえますか。
이쯔 도도께떼 모라에마스까

□ 별도로 요금이 듭니까?
Is there an extra charge for that?

別料金がかかりますか。
베쓰료-낑가 가까리마스까

□ 이 카드를 첨부해서 보내 주세요.
I'd like to send it with this card.

このカードを添えて送ってください。
고노 카-도오 소에떼 오꿋떼 구다사이

□ 이 주소로 보내 주세요.
Please send it to this address.

この住所に送ってください。
고노 쥬-쇼니 오꿋떼 구다사이

## ✈ 배송을 원할 때

☐ **이 가게에서 한국으로 발송해 주시겠어요?**
Could you send this to Korea from here?
この店から韓国に発送してもらえますか。
고노 미세까라 캉꼬꾸니 핫소-시떼 모라에마스까

☐ **한국 제 주소로 보내 주시겠어요?**
Could you send it to my address in Korea?
韓国の私の住所宛に送ってもらえますか。
캉꼬꾸노 와따시노 쥬-쇼아떼니 오꿋떼 모라에마스까

☐ **항공편으로 부탁합니다.**
By air mail, please.
航空便でお願いします。
코-꾸-빈데 오네가이시마스

☐ **선편으로 부탁합니다.**
By sea mail, please.
船便でお願いします。
후나빈데 오네가이시마스

☐ **한국까지 항공편으로 며칠 정도 걸립니까?**
How long does it take to reach Korea by air mail?
韓国まで航空便で何日くらいかかりますか。
캉꼬꾸마데 코-꾸-빈데 난니찌 쿠라이 가까리마스까

☐ **항공편으로 얼마나 듭니까?**
How much does it cost by air mail?
航空便でいくらくらいかかりますか。
코-꾸-빈데 이꾸라 쿠라이 가까리마스까

쇼핑 포장 · 배송을 원할 때

# UNIT 07 물건에 대한 클레임

가게에 클레임을 제기할 때는 감정적으로 대하지 말고 침착하게 요청을 말해야 합니다. 보통 한번 돈을 지불해버리면 흠집이 났거나 더럽더라도 구입한 고객의 책임이 되어버립니다. 사기 전에 물건을 잘 확인합시다. 교환을 원할 경우 영수증이 있어야 하므로 없애지 않도록 하고, 환불은 특별한 경우가 아니면 어려운 것이 한국과 마찬가지입니다.

---

[ (물건의 하자를 지적할 때) _____
It's _____

**これは** _____ 。
고레와 ]

- 더럽습니다 | dirty | 汚れています | 요고레떼 이마스
- 망가졌습니다 | broken | 壊れています | 고와레떼 이마스
- 찢어졌습니다 | ripped | 破れています | 야부레떼 이마스
- 금이 갔습니다 | cracked | ひびが入っています | 히비가 잇떼 이마스

Q: 여기에 흠집이 있습니다.
It's damaged here.

**ここに傷があります。**
고꼬니 기즈가 아리마스

A: 어디 보여 주십시오.
Show me.

**見せてください。**
미세떼 구다사이

### ✈ 구입한 물건을 교환할 때

☐ 여기에 얼룩이 있습니다.
I found a stain here.

### ここにシミが付いています。
고꼬니 시미가 쓰이떼 이마스

☐ 새 것으로 바꿔드리겠습니다.
I'll get you a new one.

### 新しいものとお取り替えします。
아따라시- 모노또 오또리까에 시마스

☐ 구입 시에 망가져 있었습니까?
Was it broken when you bought it?

### ご購入時に壊れていましたか。
고코-뉴- 도끼니 고와레떼 이마시다까

☐ 샀을 때는 몰랐습니다.
I didn't notice it when I bought it.

### 買ったときには気がつきませんでした。
갓따 토끼니와 키가 쓰끼마센데시다

☐ 사이즈가 안 맞았어요.
This size doesn't fit me.

### サイズが合いませんでした。
사이즈가 아이마센데시다

☐ 다른 것으로 바꿔 주시겠어요?
Can I exchange it for another one?

### 別の物と取り替えていただけますか。
베쯔노모노또 도리까에떼 이따다께마스까

쇼핑 | 물건에 대한 클레임

277

### 구입한 물건을 반품할 때

□ 어디로 가면 됩니까?
Where should I go?

どこに行けばいいのですか。
도꼬니 이께바 이-노데스까

□ 반품하고 싶은데요.
I'd like to return this.

返品したいのですが。
헨삔시따이노데스가

□ 아직 쓰지 않았습니다.
I haven't used it at all.

まだ使っていません。
마다 쓰깟떼 이마셍

□ 가짜가 하나 섞여 있었습니다.
I found a fake included.

偽物が一つ混ざっていました。
니세모노가 히또쯔 마잣떼 이마시다

□ 영수증은 여기 있습니다.
Here is a receipt.

領収書はこれです。
료-슈-쇼와 고레데스

□ 어제 샀습니다.
I bought it yesterday.

昨日買いました。
기노- 가이마시다

## ✈ 환불·배달사고

☐ **환불해 주시겠어요?**
　Can I have a refund?

　返金してもらえますか。
　헨낀시떼 모라에마스까

☐ **산 물건하고 다릅니다.**
　This is different from what I bought.

　買ったものと違います。
　갓따 모노또 치가이마스

☐ **구입한 게 아직 배달되지 않았습니다.**
　I haven't got what I bought yet.

　買ったものがまだ届きません。
　갓따 모노가 마다 도도끼마셍

☐ **대금은 이미 지불했습니다.**
　I already paid.

　代金はもう払いました。
　다이낑와 모- 하라이마시다

☐ **수리해주든지 환불해 주시겠어요?**
　Could you fix it or give me a refund?

　修理するか、お金を返していただけますか。
　슈-리스루까, 오까네오 가에시떼 이따다께마스까

☐ **계산이 틀린 것 같습니다.**
　I think your calculation is wrong.

　勘定が間違っているようです。
　간죠-가 마찌갓떼 이루 요-데스

쇼핑 | 물건에 대한 클레임

## 치수와 색상

| 사이즈 | サイズ [사이즈] |
|---|---|
| 크다 | 大(おお)きい [오-끼-] |
| 작다 | 小(ちい)さい [치-사이] |
| 길다 | 長(なが)い [나가이] |
| 짧다 | 短(みじか)い [미지까이] |
| 헐겁다 | ゆるい [유루이] |
| 꽉 끼다 | きつい [기쯔이] |
| 좁다 | 狭(せま)い [세마이] |
| 넓다 | 広(ひろ)い [히로이] |
| 두텁다 | 厚(あつ)い [아쯔이] |
| 얇다 | 薄(うす)い [우스이] |
| 무겁다 | 重(おも)い [오모이] |
| 가볍다 | 軽(かる)い [가루이] |
| 둥글다 | 丸(まる)い [마루이] |
| 네모나다 | 四角(しかく)い [시까꾸이] |
| 색깔 | 色(いろ) [이로] |
| 검다 | 黒(くろ)い [구로이] |
| 하얗다 | 白(しろ)い [시로이] |
| 노랗다 | 黄色(きいろ)い [기-로이] |
| 빨갛다 | 赤(あか)い [아까이] |
| 파랗다 | 青(あお)い [아오이] |
| 녹색 | 緑色(みどりいろ) [미도리이로] |
| 갈색 | 茶色(ちゃいろ) [챠이로] |
| 회색 | 灰色(はいいろ) [하이이로] |
| 보라색 | 紫色(むらさきいろ) [무라사끼이로] |
| 밝은색 | 明(あか)るい色(いろ) [아까루이이로] |
| 수수한 | 地味(じみ)な [지미나] |
| 화려한 | 派手(はで)な [하데나] |

PART 8

# 방문 · 전화 · 우편

방문할 때
전화를 이용할 때
우편을 이용할 때

Travel Information

# 통신·은행에 관한 정보

## ✈ 공중전화

국내전화는 노란색과 초록색으로 된 전화기에 10엔이나 100엔 동전을 넣고 사용한다. 초록색 전화기는 동전과 함께 공중전화 카드도 사용할 수 있으며 시내전화는 10엔으로 3분 통화가 가능하다. 또한, 빨간색 전화는 10엔 짜리만 사용할 수 있으며 이 모든 전화로 시외통화도 가능하다. 전화 카드는 사용할 때마다 카드에 구멍이 뚫려 사용 가능 횟수가 표시된다. 일반 상점이나 자판기에서 구입할 수 있으며 주의할 것은 관광지에서 파는 카드 중에는 실제 금액보다 사용할 수 있는 횟수가 적은 경우도 있다.

주요도시 시외국번 : 도쿄(03), 나고야(052), 요코하마(045), 하코네(0460), 닛코(0288), 센다이(022), 오사카(066), 교토(075), 나라(0742), 고베(078), 히로시마(082), 후쿠오카(092), 나가사키(0958), 벳푸(0977), 삿포로(011)

## ✈ 국제전화

공중전화는 국내전용, 국내외 겸용이 있으며 국제통화가 가능한 전화기에는 国際電話 또는 International Telephone이라고 쓰여 있다. 동전과 카드 모두 사용할 수가 있지만 동전은 거스름돈이 나오지 않으므로 전화기 옆에 설치된 자동판매기에서 1,000엔짜리 전화카드를 사서 사용하도록 한다. 수신자 요금부담 전화(컬렉트 콜)를 신청하려면 KDD의 0051번을 누른 후 교환원에게 받는 쪽의 전화번호를 알려주면 된다.(한국어 가능)

## ✈ 한국으로 전화 걸기

**001+82+2(0을 뺀 지역번호)+전화번호**
예를 들어 서울의 02)750-1234번으로 걸 경우는 「001-82-2-750-1234」을 누르면 된다. 국제전화는 할인요금시간대를 이용하여 호텔의 객실전화보다 저렴한 공중전화로 걸도록 한다.
토, 일, 공휴일 08:00~23:00 20% 할인. 매일 23:00~08:00 40% 할인.

## ✈ 전압

일본의 전압은 110V이므로 헤어드라이기를 가지고 갈 경우 이에 맞춰 가져가야 하며, 콘센트의 모양도 일자형이 대부분이므로 따로 준비해가는 것이 좋다. 주파수는 도쿄를 포함한 동부 일본은 50Hz, 나고야, 교토, 오사카를 포함하는 서부 일본은 60Hz를 사용한다.

## ✈ 화폐

일본의 화폐단위는 ¥(엔)으로서 일반적으로 시중에서 사용되고 있는 화폐의 종류는 경화가 1, 5, 10, 50, 100, 500¥(엔)의 여섯 가지이며, 지폐는 1000, 2000, 5000, 10000¥(엔) 네 가지이다.

## ✈ 은행

우리나라에서 은행을 이용해 본 경험이 있는 사람이라면 일본에서 은행을 이용하는 데는 별 어려움이 없고 통장을 개설할 때는 외국인 등록증이나 여권을 지참해야 한다. 자유롭게 입출금할 수 있는 보통 예금 통장을 만드는 것이 편리하다. 업무시간은 우리나라보다 훨씬 짧기 때문에 주의해야 한다. 월요일부터 금요일까지 오전 9시부터 오후 3시까지이고 현금 카드가 있으면 평일은 오후 7시까지, 주말은 오후 5시까지 돈을 인출할 수 있다.

## ✈ 우편

국제 우편물은 보통 1주일 이내에 도착하며, 급한 경우 EMS, DHL 등의 특급 우편을 사용하면 된다. 한국으로 엽서나 편지를 보낼 때는 반드시 SOUTH KOREA 라고 써야 한다.

## ✈ 코인락커

어느 역이나 코인락커(물품보관함. 일본에서는 '코인록카'라 부른다)가 있다. 여행의 시작과 끝이 역이므로 무거운 짐은 여기에 보관해 두었다가 다시 찾아가면 된다. 이용 요금은 크기에 따라서 300~600엔 정도이며 두 사람 이상이 공동 사용하는 것이 경제적이다. 이때 주의할 것은 열쇠는 잃어버리지 않도록 하며, 넓은 장소에서는 나중에 다시 찾을 때 헷갈리지 않도록 위치를 잘 확인하도록 한다.

# UNIT 01 방문할 때

집을 방문할 때는 ごめんください라고 상대를 부른 다음 집주인이 나올 때까지 현관에서 기다립니다. 주인이 どちらさまですか라면서 나오면, こんにちは、今日はお招きくださってありがとうございます、お世話になります 등의 인사말을 하고 상대의 안내에 따라 집안으로 들어섭니다.

[
(초대에 대한 감사) _____ 고맙습니다.
Thanks for _____ .

_____ **ありがとうございます。**
아리가또- 고자이마스
]

□ 모든 게         everything              **いろいろと**    이로이로또
□ 환대해 줘서     your wonderful          **手厚い**        데아쯔이
                 hospitality             **もてなし**      모떼나시
□ 초대해 줘서     inviting me             **お招き**        오마네끼

Q: 초대해 주셔서 고맙습니다.
Thanks for inviting me over.

### お招きありがとうございます。

오마네끼 아리가또- 고자이마스.

A: 잘 오셨습니다.
I'm so glad you could make it.

### ようこそおいでくださいました。

요-꼬소 오이데 구다사이마시다.

## ✈ 함께 식사하기를 권유할 때

☐ **함께 점심 식사나 하시겠어요?**
   How about having lunch with me?

   一緒に昼食でもいかがですか。
   잇쇼니 츄-쇼꾸데모 이까가데스까

☐ **오늘 밤에 저와 저녁식사하시겠어요?**
   Why don't you have dinner with me tonight?

   今晩、私と夕食でもいかがですか。
   곰방, 와따시또 유-쇼꾸데모 이까가데스까

☐ **제가 대접하겠습니다.**
   Let me treat you to dinner.

   私がおごります。
   와따시가 오고리마스

☐ **한잔 어떻습니까?**
   How about a drink?

   一杯、いかがですか。
   입빠이, 이까가데스까

☐ **언제 시간이 있습니까?**
   When do you have free time?

   いつお暇ですか。
   이쯔 오히마데스까

☐ **당신이 와 주셨으면 합니다.**
   I'd like to have you come over.

   あなたに来てほしいです。
   아나따니 기떼 호시이데스

방문 전화 우편

방문할 때

### ✈ 초대에 응하거나 거절할 때

□ **몇 시가 좋습니까?**
What's a good time for you?

何時がよろしいでしょうか。
난지가 요로시-데쇼-까

□ **어느 때라도 좋아요.**
It's fine anytime.

いつでもいいですよ。
이쯔데모 이-데스요

□ **고맙습니다. 기꺼이 그러죠.**
Thank you. I'd like to.

ありがとう。喜んで。
아리가또- 요로꼰데

□ **꼭 가고 싶습니다.**
I'll make sure to be there.

必ず行きたいです。
가나라즈 이끼따이데스

□ **가고 싶지만, 시간이 없습니다.**
I want to come, but I have no time.

行きたいですが、時間がありません。
이끼따이데스가, 지깡가 아리마셍

□ **죄송하지만, 선약이 있습니다.**
Sorry, but I have a previous engagement.

すみませんが、先約があります。
스미마셍가, 셍야꾸가 아리마스

## ✈ 초대받아 방문할 때

☐ **와 주셔서 감사합니다.**
Thank you for coming.

来ていただいてありがとうございます。
기떼 이따다이떼 아리가또- 고자이마스

☐ **약소합니다.**
This is for you.

つまらないものですが。
쓰마라나이 모노데스가

☐ **요리를 잘 하시는군요!**
You're a great cook!

料理がお上手なんですね!
료-리가 오죠-즈난데스네

☐ **이제 많이 먹었습니다.**
I'm really full.

もう十分にいただきました。
모- 쥬-분니 이따다끼마시다

☐ **화장실 좀 갈 수 있을까요?**
May I use the rest room?

トイレをお借りできますか。
토이레오 오까리 데끼마스까

☐ **이만 가보겠습니다.**
I must be going now.

そろそろ失礼します。
소로소로 시쯔레- 시마스

방문 전화 우편

방문할 때

287

# UNIT 02 전화를 이용할 때

전화를 걸 때는 반드시 もしもし、キムですが、田中さんをお願いします라고 먼저 자신의 신분을 밝히고 전화통화를 할 상대를 부탁합니다. 전화를 받을 때는 우선 もしもし、○○でございますが라고 자신의 이름이나 회사의 이름 등을 밝혀 상대가 확인하는 수고를 덜어주는 것도 전화 에티켓의 하나입니다.

여보세요. _____ 입니까?
Hello. Is this _____ .

**もしもし。**_____ **ですか。**
모시모시 　　　　　　　　　　　　　데스까

☐ ○○호텔　　　○○Hotel　　　**○○ホテル**　　　○○호떼루
☐ 다나카 씨　　　Mr. Tanaka　　　**田中さん**　　　다나까상
☐ ○○회사　　　Ms. Brown　　　**○○会社**　　　○○가이샤
☐ 기무라 씨 댁　　Kimura's　　　**木村さんのお宅**　기무라산노 오따꾸

Q : 공중전화 카드는 어디서 사나요?
Where can I get a calling card?

**テレフォンカードはどこで買えますか。**

테레훤카-도와 도꼬데 가에마스까

A : 여기서도 팝니다.
We sell them here.

**こちらで取り扱っております。**

고찌라데 도리아쯔깟떼 오리마스

### ✈ 공중전화를 이용할 때

❏ 이 근처에 공중전화는 있습니까?
Is there a pay phone around here?

このあたりに公衆電話はありますか。
고노 아따리니 코-슈 뎅와와 아리마스까

❏ 이 전화로 시외전화를 할 수 있나요?
Can I make a long-distance call from this phone?

この電話で長距離電話はかけられますか。
고노 뎅와데 쵸-쿄리 뎅와와 가께라레마스까

❏ 이 전화로 한국에 걸 수 있나요?
Can I make a call to Korea on this phone?

この電話で韓国にかけられますか。
고노 뎅와데 캉꼬꾸니 가께라레마스까

❏ 먼저 동전을 넣으십시오.
You put the coins in first.

まず先にコインを入れてください。
마즈 사끼니 코잉오 이레떼 구다사이

❏ 얼마 넣습니까?
How much do I put in?

いくら入れるんですか。
이꾸라 이레룬데스까

❏ 전화카드를 주세요.
Can I have a telephone card?

テレホンカードをください。
테레홍카-도오 구다사이

## ✈ 전화를 걸 때

□ 한국으로 전화를 하려면 어떻게 하면 됩니까?
What should I do to call Korea?

韓国に電話するにはどうしたらいいですか。
캉꼬꾸니 뎅와스루니와 도-시따라 이-데스까

□ 한국으로 컬렉트콜로 걸고 싶은데요.
I need to make a collect call to Korea.

韓国にコレクトコールをかけたいのですが。
캉꼬꾸니 코레꾸또코-루오 가께따이노데스가

□ 오사카의 시외번호는 몇 번입니까?
What's the area code for Osaka?

大阪の市外局番は何番ですか。
오-사까노 시가이교꾸방와 난반데스까

□ 한국으로 국제전화를 부탁합니다.
I'd like to make a call to Korea, please.

韓国に国際電話をお願いします。
캉꼬꾸니 고꾸사이뎅와오 오네가이시마스

□ 내선 28번으로 돌려주세요.
Extension 28(twenty-eight), please.

内線28に回してください。
나이센 니쥬하찌니 마와시떼 구다사이

□ 여보세요, 스위스그랜드 호텔이지요?
Hello, is this the Swiss Grand Hotel?

もしもし、そちらはスイス・グランドホテルですか。
모시모시, 소찌라와 스이스 그란도 호떼루데스까

□ 기무라 씨를 부탁합니다.
May I speak to Mr. Kimura?

木村さんをお願いします。
기무라상오 오네가이시마스

□ 여보세요, 기무라 씨입니까?
Hello. Is this Mr. Kimura?

もしもし、木村さんですか。
모시모시, 기무라산데스까

### ✈ 전화를 받을 때

□ 잠시 기다려 주시겠습니까?
Would you like to hold?

このままお待ちになりますか。
고노마마 오마찌니나리마스까

□ 전언을 부탁할 수 있습니까?
Would you take a message?

伝言をお願いできますか。
뎅공오 오네가이 데끼마스까

□ 좀더 천천히 말씀해 주십시오.
Could you speak a little slower?

もっとゆっくり話してください。
못또 육꾸리 하나시떼 구다사이

□ 전화 고마웠습니다.
Thank you for your call.

お電話ありがとうございました。
오뎅와 아리가또- 고자이마시다

# UNIT 03 우편을 이용할 때

우체국이나 은행에서 원하는 창구를 모를 때는 …窓口はどこですか라고 물으면 됩니다. 일본 郵便局의 로고는 〒이며, 은행에서 구좌를 개설할 때는 キャッシュカード도 만들어두면 편리합니다. 은행 창구 이외도 캐시코너가 있어서 현금 입출금과 송금을 거의 여기에서 해결할 수 있습니다.

[
_____ (으)로 부탁합니다.

_____ , please.

_____ でお願いします。

데 오네가이 시마스
]

- 항공편   By air mail          航空便   고-꾸-빈
- 선편     By sea mail          船便     후나빈
- 속달     Express mail         速達     소꾸따쯔
- 등기     Registered mail      書留     가끼또메

Q: 우체통은 어디에 있습니까?
Where's the mailbox?

### ポストはどこですか。

포스또와 도꼬데스까

A: 로비에 있습니다.
There's one in the lobby.

### ロビーにあります。

로비-니 아리마스

## ✈ 우체국에서

□ **가장 가까운 우체국은 어디에 있습니까?**
Where is the nearest post office?

最寄りの郵便局はどこですか。

모요리노 유-빙쿄꾸와 도꼬데스까

□ **우표는 어디서 삽니까?**
Where can I buy stamps?

切手はどこで買えますか。

깃떼와 도꼬데 가에마스까

□ **우체통은 어디에 있나요?**
Where is the mailbox?

ポストはどこにありますか。

포스또와 도꼬니 아리마스까

□ **우체국은 몇 시에 닫습니까?**
What time does the post office close?

郵便局は何時に閉まりますか。

유-빙쿄꾸와 난지니 시마리마스까

□ **이걸 한국으로 부치고 싶습니다.**
I'd like to send this to Korea.

これを韓国に出したいのです。

고레오 캉꼬꾸니 다시따이노데스

□ **기념우표를 주세요.**
Can I have commemorative stamps?

記念切手をください。

기넹킷떼오 구다사이

### ✈ 편지를 보낼 때

☐ 이걸 한국으로 보내려면 얼마나 듭니까?
How much would it cost to send this to Korea?

これを韓国に送るにはいくらかかりますか。
고레오 캉꼬꾸니 오꾸루니와 이꾸라 가까리마스까

☐ 속달(등기)로 부쳐 주세요.
Express(Registered) mail, please.

速達(書留)にしてください。
소꾸따쯔(가끼또메)니 시떼 구다사이

☐ 이 우편 요금은 얼마입니까?
How much is the postage for this?

この郵便料金はいくらですか。
고노 유-빈료-낑와 이꾸라데스까

☐ 한국에는 언제쯤 도착합니까?
How long will it take to get to Korea?

韓国にはいつごろ着きますか。
캉꼬꾸니와 이쯔고로 쯔끼마스까

☐ 항공편(선편)으로 부탁합니다.
By air mail(sea mail), please.

航空便(船便)でお願いします。
코-꾸-빈(후나빈)데 오네가이시마스

☐ 이거 우편요금이 얼마예요?
How much is the postage for this?

この郵便料金はいくらですか。
고노 유-빈료-낑와 이꾸라데스까

## ✈ 소포를 보낼 때

☐ 이 소포를 한국으로 보내고 싶습니다.
I'd like to send this parcel to Korea.

この小包を韓国に送りたいのです。
고노 고즈쓰미오 캉꼬꾸니 오꾸리따이노데스

☐ 내용물은 무엇입니까?
What's inside?

中身は何ですか。
나까미와 난데스까

☐ 개인적으로 사용하는 것입니다.
My personal items.

私個人で使うものです。
와따시 고진데 쓰까우 모노데스

☐ 선편이라면 며칠 정도면 한국에 도착합니까?
How long will it take by sea mail to Korea?

船便だと何日くらいで韓国に届きますか。
후나빈다또 난니찌 쿠라이데 캉꼬꾸니 도도끼마스까

☐ 깨지기 쉬운 것이 들어 있습니다.
This is fragile.

割れ物が入っています。
와레모노가 하잇떼 이마스

☐ 소포를 보험에 들겠어요.
I'd like to have this parcel insured.

小包に保険をかけます。
고즈쓰미니 호껭오 가께마스

## 전화·우편에 관련된 말

| 전화 | 電話(でんわ) [뎅와] |
| 공중전화 | 公衆電話(こうしゅうでんわ) [고-슈-뎅와] |
| 국제전화 | 国際電話(こくさいでんわ) [고꾸사이뎅와] |
| 전화번호 | 電話番号(でんわばんごう) [뎅와방고-] |
| 전화부스 | 電話(でんわ)ボックス [뎅와복꾸스] |
| 휴대전화 | 携帯電話(けいたいでんわ) [케-따이뎅와] |
| 전화번호부 | 電話帳(でんわちょう) [뎅와쬬-] |
| 수화기 | 受話器(じゅわき) [쥬와끼] |
| 전화카드 | 電話(でんわ)カード [뎅와카-도] |
| 내선 | 内線(ないせん) [나이셍] |
| 컬렉트콜 | コレクトコール [코레꾸또코-루] |
| 지명통화 | 指名通話(しめいつうわ) [시메-쓰-와] |
| 시내통화 | 市内通話(しないつうわ) [시나이쓰-와] |
| 시외통화 | 市外通話(しがいつうわ) [시가이쓰-와] |
| 교환수 | 交換手(こうかんしゅ) [코-깐슈] |
| 자동응답전화 | 留守番電話(るすばんでんわ) [루스방뎅와] |
| 전화를 걸다 | 電話(でんわ)をかける [뎅와오 가께루] |
| 전화를 받다 | 電話(でんわ)をうける [뎅와오 우께루] |
| 우체국 | 郵便局(ゆうびんきょく) [유-빙쿄꾸] |
| 편지 | 手紙(てがみ) [데가미] |
| 봉투 | 封筒(ふうとう) [후-또-] |
| 편지지 | 便(びん)せん [빈셍] |
| 엽서 | ハガキ [하가끼] |
| 주소 | 住所(じゅうしょ) [쥬-쇼] |
| 우체통 | ポスト [포스또] |
| 등기 | 書留(かきとめ) [가끼또메] |
| 항공편 | 航空便(こうくうびん) [코-꾸-빙] |
| 선편 | 船便(ふなびん) [후나빙] |
| 전보 | 電報(でんぽう) [뎀뽀-] |
| 취급주의 | 取扱注意(とりあつかいちゅうい) [도리아쓰까이쮸-이] |

PART ⑨

# 트러블

말이 통하지 않을 때
난처할 때
분실·도난을 당했을 때
사고를 당했을 때
몸이 아플 때

Travel Information

# 여행 트러블에 관한 정보

## ✈ 항공권을 분실한 경우

일반적으로 항공권을 분실하면 해당 항공사의 지점이나 카운터에 항공권 번호를 알려주어야 한다. 번호를 모를 경우에는 구입 장소와 연락처를 정확히 알린다. 이렇게 해서 새로운 항공권을 발급받은 경우 승객은 현지에서 서비스요금으로 30달러 정도를 부담해야 한다.

하지만 이런 과정은 다소 시간이 걸린다. 항공사의 해외 지점에 항공권 구입 여부를 확인하는 팩스를 보낸다거나 전문을 띄우는 등 국내의 경우보다 더욱 복잡하고 시간도 더 걸린다. 그러므로 당장 내일 떠나야 한다든지 하는 급박한 경우에는 큰 곤란을 겪게 되므로 항공권을 분실하지 않도록 각별한 주의를 기울인다.

## ✈ 여권을 잃어버렸을 경우

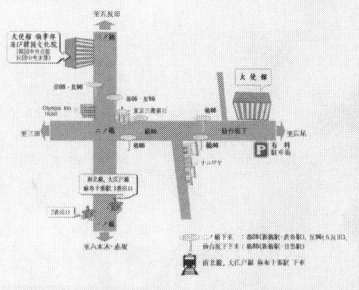

여권을 잃어버렸을 경우 곧바로 달려갈 곳은 재외공관(한국대사관이나 영사관). 여권이 없으면 출국을 할 수 없기 때문에 바로 현지에 있는 우리나라 공관으로 가서 재발급을 받아야 한다.

여권 재발급 신청에 필요한 것은 사진, 현지 경찰관이 발급해 준 여권 분실증명서, 여권번호와 발행 연월일 등이다.

그러므로 사진을 예비로 준비해두거나 여권번호를 따로 메모해두면 좋다. 하지만 여권을 재발급 받기까지는 2주일 정도가 걸린다. 왜냐하면 사진을 한국에 보내서 본인 여부를 확인하는 작업을 해야 하기 때문이다. 기간이 꽤 오래 걸리기 때문에 여권을 잃어버리면 여행을 완전히 망치는 것이나 다름없다. 항상 주의를 기울여 보관하도록 한다.

## ✈ 짐을 잃어버렸을 경우

여행 도중에 짐을 잃어버렸다면 거의 대부분은 찾지 못한다. 그러므로 항상 주의를 기울이는 방법밖에 없다.

하지만 비행기에서 출발하면서 짐을 부쳤는데 찾지 못한 경우는 보상받을 수 있다.

해외여행 도중에 짐이 분실되었거나 문제가 발생했을 때에는 즉시 해당 항공사에 연락을 취한다. 항공사에서 발행한 보관증(Claim Tag)을 근거로 물건을 찾거나 찾지 못할 경우 보관증을 제시하며 보상을 요구하면 된다. 항공사에 맡긴 물건이 지연되어 도착하는 경우에는 경제적인 손실을 대비하여 하루 50달러 정도의 일용품비가 지급된다.

여행 도중 귀중품이나 현금을 잃어버리지 않으려면 여권, 여행자수표, 신용카드, 항공권은 재발급이 가능하지만 시간이 오래 걸리므로 잃어버리면 여행은 끝이라고 생각하는 것이 좋다. 그러므로 귀중품을 잃어버리지 않으려면 안전하게 보관해야 한다. 가장 안전하게 보관하는 방법은 호텔의 금고나 객실에 있는 금고를 이용하는 것이다.

### ✈ 여행자 수표를 잃어버렸을 경우

여행자 수표는 분실하면 분실증명서가 있는 경우 2, 3일 내에 재발급이 가능하다. 재발급 수속은 수표를 발행한 은행의 현지 지점으로 가는 것이 가장 빠르다. 지점이 없으면 계약 은행으로 가야 한다.

이때 필요한 서류는 여권, 경찰서에서 발급받은 분실증명서, 여행자수표 발행증명서(여행자 수표를 살 때 은행에서 함께 준다), 잃어버린 여행자 수표의 번호다.

### ✈ 긴급전화

비상시 경찰에 구조를 요청하려면 공중전화기의 붉은 버튼을 누르고 110번, 화재신고나 구급차 호출은 119번을 누른다.

### ✈ 아플 때

패키지 관광인 경우는 우선 주관 여행사의 현지 담당자에게 알린다. 호텔 안에서의 사고는 프런트에 의뢰를 하여 의사를 부르거나 병원에 가도록 한다. 그리고 공항이나 역일 경우에는 여행자 구호소의 도움을 받는다. 또한, 일본은 간단한 약을 사는 데도 의사의 처방이 있어야 할 경우가 많으므로 상비약을 준비하여 가도록 하며, 지병이 있는 경우에는 한국 의사의 소견서를 가지고 가는 게 좋다.

# UNIT 01

## Travel Japanese

## 말이 통하지 않을 때

익숙하지 않은 일본어로 말하고 있으면, 상대가 하는 말을 알아듣지 못하는 경우가 많습니다. 그 자리의 분위기나 상대에게 신경을 쓴 나머지 자신도 모르게 그만 웃으며 승낙을 하는 경우가 있으므로 결코 알았다는 행동을 취하지 말고 적극적으로 물읍시다. 이야기의 내용을 모를 때는 わかりません(모르겠습니다)라고 분명히 말합시다.

[
나는 _____ 를 모릅니다.

I can't speak _____

私は _____ 話せません。

와따시와                          하나세마셍
]

- 일본어    Japanese    **日本語**    니홍고
- 영어      English     **英語**      에-고
- 한국어    Korean      **韓国語**    캉꼬꾸고
- 중국어    Chinese     **中国語**    츄-고꾸고

Q: 일본어를 할 줄 모릅니다.

I can't speak Japanese.

**日本語は話せません。**

니홍고와 하나세마셍

A: 그거 난처하군요.

That might be a problem.

**それは困りましたね。**

소레와 고마리마시다네

300

### → 일본어의 이해

☐ **일본어를 할 줄 압니까?**
Do you speak Japanese?
日本語は話せますか。
니홍고와 하나세마스까

☐ **일본어는 할 줄 모릅니다.**
I can't speak Japanese.
日本語は話せません。
니홍고와 하나세마셍

☐ **일본어는 잘 못합니다.**
My Japanese isn't very good.
日本語は上手ではありません。
니홍고와 죠-즈데와 아리마셍

☐ **일본어는 압니까?**
Do you understand Japanese?
日本語はわかりますか。
니홍고와 와까리마스까

☐ **영어를 하는 사람은 있습니까?**
Does anyone speak English?
英語を話せる人はいますか。
에-고오 하나세루 히또와 이마스까

☐ **일본어로는 설명할 수 없습니다.**
I can't explain it in Japanese.
日本語では説明できません。
니홍고데와 세쯔메- 데끼마셍

## ✈ 통역 · 한국어

□ **통역을 부탁하고 싶은데요.**
I need an interpreter.
通訳をお願いしたいのですが。
쓰-야꾸오 오네가이 시따이노데스가

□ **어느 나라 말을 하십니까?**
What language do you speak?
何語をお話になりますか。
나니고오 오하나시니 나리마스까

□ **한국어를 하는 사람은 있습니까?**
Does anyone speak Korean?
韓国語の話せる人はいますか。
캉꼬꾸고노 하나세루 히또와 이마스까

□ **한국어로 쓰인 것은 있습니까?**
Do you have any information in Korean?
韓国語で書かれたものはありますか。
캉꼬꾸고데 가까레따 모노와 아리마스까

□ **한국어판은 있습니까?**
Do you have one in Korean?
韓国語版はありますか。
캉꼬꾸고항와 아리마스까

□ **한국어 신문은 있습니까?**
Do you have any Korean newspapers?
韓国語の新聞はありますか。
캉꼬꾸고노 심붕와 아리마스까

### ✈ 일본어를 못 알아들을 때

❏ **천천히 말씀해 주시면 알겠습니다.**
I'll understand if you speak slowly.

### ゆっくり話していただければわかります。
육꾸리 하나시떼 이따다께레바 와까리마스

❏ **좀더 천천히 말씀해 주세요.**
Speak more slowly, please.

### もっとゆっくり話してください。
못또 육꾸리 하나시떼 구다사이

❏ **당신이 말하는 것을 모르겠습니다.**
I can't understand you.

### あなたの言っていることがわかりません。
아나따노 잇떼이루 고또가 와까리마셍

❏ **그건 무슨 뜻입니까?**
What do you mean by that?

### それはどういう意味ですか。
소레와 도-이우 이미데스까

❏ **써 주세요.**
Write it down, please.

### 書いてください。
가이떼 구다사이

❏ **여기서는 아무도 한국어를 못 합니다.**
No one here speaks Korean, sir.

### ここでは誰も韓国語を話せません。
고꼬데와 다레모 캉꼬꾸고오 하나세마셍

말이 통하지 않을 때

트러블

# UNIT 02

## 난처할 때

여행지에서 난처한 일이 발생하여 도움을 구하는 필수 표현은 助けて!입니다. 하지만 순식간에 난처한 일이 발생했을 때는 입이 얼어 아무 말도 나오지 않는 법입니다. 트러블은 가급적 피하는 게 좋겠지만, 그렇지 못 할 때를 대비해서 상대를 제지할 수 있는 최소한의 표현은 반드시 기억해둡시다.

---

_____ 은(는) 어디에 있나요?

Where's the _____ ?

**_____ はどこですか。**

와 도꼬데스까

| 한국어 | 영어 | 일본어 | 발음 |
|---|---|---|---|
| □ 화장실 | rest room | **トイレ** | 토이레 |
| □ 병원 | hospital | **病院** | 뵤-잉 |
| □ 약국 | drugstore | **薬屋** | 구스리야 |
| □ 경찰서 | police station | **警察署** | 게-사쯔쇼 |

Q: 어떻게 하면 좋을까요?

What should I do?

**どうしたらいいでしょうか。**

도-시따라 이-데쇼-까

A: 도와 드리겠습니다.

Well, let me help you.

**力になりますよ。**
ちから

치까라니 나리마스요

## ✈ 난처할 때

□ 문제가 생겼습니다.
I have a problem.

困っています。
고맛떼 이마스

□ 지금 무척 난처합니다.
I'm in big trouble now.

今大変困っているんです。
이마 다이헹 고맛떼 이룬데스

□ 무슨 좋은 방법은 없을까요?
Do you have any suggestions?

何かいい方法はないですか。
낭까 이- 호-호-와 나이데스까

□ 어떻게 하면 좋을까요?
What should I do?

どうしたらいいでしょうか。
도- 시따라 이-데쇼-까

□ 화장실은 어디죠?
Where's the rest room?

トイレはどこでしょうか。
토이레와 도꼬데쇼-까

□ 어떻게 해 주십시오.
Do something about this.

何とかしてください。
난또까 시떼 구다사이

## ✈ 상황이 위급할 때

□ 무엇을 원하세요?
What do you want?

何が欲しいんですか。

나니가 호시인데스까

□ 알겠습니다. 다치게만 하지 마세요.
Okay. Don't hurt me.

わかりました。怪我はさせないでください。

와까리마시다 게가와 사세나이데 구다사이

□ 시키는 대로 할게요.
Whatever you say.

言うとおりにします。

이우 토-리니 시마스

□ 뭐야?
Who are you?

何者だ？

나니모노다

□ 가진 돈이 없어요!
I don't have any money.

お金は持っていません！

오까네와 못떼 이마셍

□ 잠깐! 뭘 하는 겁니까?
Hey! What are you doing?

ちょっと！ 何してるんですか。

촛또! 나니 시떼룬데스까

❏ 그만 두세요.
Stop it!
やめてください。
야메떼 구다사이

❏ 만지지 말아요!
Don't touch me!
触らないで!
사와라나이데

❏ 저리 가!
Leave me alone!
あっちへ行け!
앗찌에 이께

❏ 가까이 오지 말아요.
Stay away from me!
近づかないで!
치까즈까나이데

❏ 경찰을 부르겠다!
I'll call the police!
警察を呼ぶぞ!
게-사쯔오 요부조

❏ 도와줘요!
Help!
助けて!
다스께떼

난처할 때 트러블

307

UNIT 03

Travel Japanese

# 분실·도난을 당했을 때

여권이나 귀중품을 분실하거나 도난을 당했다면 먼저 호텔의 경비담당이나 경찰에 신고를 하고 도난증명서를 발급받습니다. 이것은 재발행이나 보험을 청구할 때 필요하기 때문입니다. 여권의 발행 연월일, 번호, 발행지 등은 수첩(이 책의 마지막 장)에 메모를 해두고 예비사진 2장도 준비해두는 것이 만약의 경우에 도움이 됩니다.

[
내 _____ 을(를) 도난당했습니다.
My _____

私の _____ を盗まれました。
와따시노            오 누스마레마시다
]

- 여권    passport    パスポート    파스뽀-또
- 신용카드    credit card    クレジットカード    쿠레짓또카-도
- 여행자수표    traveler's check    トラベラーズチェック    토라베라-즈첵꾸
- 지갑    wallet    財布    사이후

Q : 버스에 물건을 놓고 내렸습니다.
I left something on the bus.

### バスに忘れました。

바스니 와스레마시다

A : 어떤 물건입니까?
What is it?

### どんな物ですか。

돈나 모노데스까

## ✈ 분실했을 때

□ **분실물 취급소는 어디에 있습니까?**
Where is the lost and found?

遺失物係はどこですか。
이시쯔부쯔가까리와 도꼬데스까

□ **무엇을 잃어버렸습니까?**
What did you lose?

何をなくされたのですか。
나니오 나꾸사레따노데스까

□ **여권을 잃어버렸습니다.**
I lost my passport.

パスポートをなくしました。
파스뽀-또오 나꾸시마시다

□ **열차 안에 지갑을 두고 내렸습니다.**
I left my wallet on the train.

列車内に財布を忘れました。
렛샤나이니 사이후오 와스레마시다

□ **여기서 카메라 못 보셨어요?**
Did you see a camera here?

ここでカメラを見ませんでしたか。
고꼬데 카메라오 미마센데시다까

□ **어디서 잃어버렸는지 기억이 안 납니다.**
I'm not sure where I lost it.

どこでなくしたか覚えていません。
도꼬데 나꾸시따까 오보에떼 이마셍

## ✈ 도난당했을 때

□ 멈춰! 도둑이야!
Stop! Thief!

待て! どろぼう!

맛떼 도로보-

□ 내놔!
Give it back to me!

返してくれ!

가에시떼 구레

□ 저놈이 내 가방을 뺏어갔어요!
He took my bag!

あいつが私のバッグを取ったんです!

아이쯔가 와따시노 박구오 돗딴데스

□ 지갑을 도둑맞았어요!
I had my wallet stolen!

財布を盗まれました!

사이후오 누스마레마시다

□ 지갑을 소매치기 당했어요!
My wallet was taken by a pickpocket.

財布をすられました!

사이후오 스라레마시다

□ 방에 도둑이 들어왔습니다.
A burglar broke into my room.

部屋に泥棒が入りました。

헤야니 도로보-가 하이리마시다

## ✈ 경찰서에서

☐ 경찰서는 어디에 있습니까?
Where's the police station?

警察署はどこですか。
게-사쯔쇼와 도꼬데스까

☐ 경찰에 신고해 주시겠어요?
Will you report it to the police?

警察に届けてもらえますか。
게-사쯔니 도도께떼 모라에마스까

☐ 누구에게 알리면 됩니까?
Who should I inform?

誰に知らせればいいですか。
다레니 시라세레바 이-데스까

☐ 얼굴은 봤나요?
Did you see his face?

顔は見ましたか。
가오와 미마시다까

☐ 경찰에 도난신고서를 내고 싶은데요.
I'd like to report the theft to the police.

警察に盗難届を出したいのですが。
게-사쯔니 도-난토도께오 다시따이노데스가

☐ 찾으면 한국으로 보내주시겠어요?
Could you please send it to Korea when you find it?

見つかったら韓国に送ってくれませんか。
미쯔깟따라 캉꼬꾸니 오꿋떼 구레마셍까

분실 · 도난을 당했을 때

트러블

# UNIT 04 사고를 당했을 때

Travel Japanese

사고가 일어나면 먼저 경찰에게 알립니다. 그리고 보험회사, 렌터카 회사에 연락을 취합니다. 당사자인 경우에는 먼저 すみません이라고 말하면 잘못을 인정하는 꼴이 되어버립니다. 만일을 대비해 해외여행 상해보험은 반드시 들어 둡시다. 보험 청구를 위해서는 사고증명서를 반드시 받아두어야 합니다.

[
　　　　　　　　　 을(를) 불러 주세요.
Please call 　　　　　　　　　.

　　　　　　　　　を呼んでください。
오 욘데 구다사이
]

| | | | |
|---|---|---|---|
| □ 경찰 | the police | 警察 | 게이사쯔 |
| □ 구급차 | an ambulance | 救急車 | 큐-뀨-샤 |
| □ 의사 | a doctor | 医者 | 이샤 |
| □ 안내원 | a guide | ガイドさん | 가이도상 |

### Q: 교통사고를 당했습니다.
I was in a car accident.

**交通事故にあいました。**

고-쓰-지꼬니 아이마시다

### A: 어디서 말입니까?
Where did it happen?

**どこでですか。**

도꼬데데스까

312

## ✈ 교통사고를 당했을 때

□ 큰일 났습니다.
It's an emergency.

大変です。
다이헨데스

□ 교통사고를 당했습니다.
I was in a car accident.

交通事故にあいました。
고-쯔-지꼬니 아이마시다

□ 친구가 차에 치었습니다.
My friend was hit by a car.

友人が車にはねられました。
유-징가 구루마니 하네라레마시다

□ 구급차를 불러 주세요.
Please call an ambulance!

救急車を呼んでください。
규-뀨-샤오 욘데 구다사이

□ 다친 사람이 있습니다.
There is an injured person here.

ケガ人がいます。
게가닝가 이마스

□ 저를 병원으로 데려가 주시겠어요?
Could you take me to a hospital?

私を病院に連れて行ってください。
와따시오 뵤-인니 쓰레떼 잇떼 구다사이

## ✈ 교통사고·교통위반을 했을 때

☐ **사고를 냈습니다.**
I've had an accident.

事故を起こしました。
지꼬오 오꼬시마시다

☐ **보험을 들었습니까?**
Are you insured?

保険に入っていますか。
호껜니 하잇떼 이마스까

☐ **속도위반입니다.**
You were speeding.

スピード違反です。
스피-도 이한데스

☐ **제한속도로 달렸는데요.**
I was driving within the speed limit.

制限速度で走っていましたが。
세-겐소꾸도데 하싯떼 이마시다가

☐ **렌터카 회사로 연락해 주시겠어요?**
Would you contact the car rental company?

レンタカー会社に連絡してください。
렌따카-가이샤니 렌라꾸시떼 구다사이

☐ **사고증명서를 써 주시겠어요?**
Will I get a police report?

事故証明書を書いてもらえますか。
지꼬쇼-메이쇼오 가이떼 모라에마스까

## ✈ 사고경위를 진술할 때

❏ **도로표지판의 뜻을 몰랐습니다.**
I didn't know what that sign said.
道路標識の意味がわかりませんでした。
도-로효-시끼노 이미가 와까리마센데시다

❏ **제 책임이 아닙니다.**
I'm not responsible for it.
私に責任はありません。
와따시니 세끼닝와 아리마셍

❏ **상황이 잘 기억나지 않습니다.**
I don't remember what happened.
状況はよく覚えていません。
죠-꾜-와 요꾸 오보에떼 이마셍

❏ **신호를 무시했습니다.**
I ignored a signal.
信号無視をしてしまいました。
싱고-무시오 시떼 시마이마시다

❏ **저야말로 피해자입니다.**
I'm the victim.
私こそ被害者です。
와따시꼬소 히가이샤데스

❏ **여행을 계속해도 되겠습니까?**
Can I continue on my way?
旅行を続けてもいいですか。
료꼬-오 쓰즈께떼모 이-데스까

UNIT | Travel Japanese

# 05 몸이 아플 때

여행 중에 몸이 아프면 먼저 묵고 있는 호텔의 프런트에 연락을 취하고 호텔 닥터나 호텔이 지정 의사를 소개받읍시다. 호텔 이외의 장소에서 몸이 아픈 경우에는 구급차를 부르게 되는데, 의료비도 비싸므로 출발 전에 해외여행 상해보험에 가입해둡시다. 보험 청구를 위해 치료비의 영수증은 받아두도록 합시다.

[
(통증을 말할 때) _____ 니다.
I have a _____

_____ です。
데스
]

- □ 머리가 아픔    headache      **頭が痛い**      아따마가 이따이
- □ 배가 아픔     stomachache   **おなかが痛い**   오나까가 이따이
- □ 목이 아픔     sore throat   **喉が痛い**      노도가 이따이
- □ 이가 아픔     toothache     **歯が痛い**      하가 이따이

Q: 어디가 아프십니까?
Where does it hurt?

### どこが痛みますか。

도꼬가 이따미마스까

A: 여기가 아픕니다.
Right here.

### ここです。

고꼬데스

### ✈ 병원에 갈 때

□ 의사를 불러 주세요.
Please call a doctor.

医者を呼んでください。
이샤오 욘데 구다사이

□ 의사에게 진찰을 받고 싶은데요.
I'm here for a doctor's examination.

お医者さんに診ていただきたいのですが。
오이샤산니 미떼 이따다끼따이노데스가

□ 병원으로 데리고 가 주시겠어요?
Could you take me to a hospital?

病院まで連れて行っていただけますか。
뵤-인마데 쓰레떼 잇떼 이따다께마스까

□ 진료 예약은 필요합니까?
Do I need an appointment to see a doctor?

診療に予約は必要ですか。
신료-니 요야꾸와 히쯔요-데스까

□ 진료 예약을 하고 싶은데요.
Can I make an appointment?

診療の予約を取りたいのですが。
신료-노 요야꾸오 도리따이노데스가

□ 한국어를 아는 의사는 있나요?
Is there a Korean-speaking doctor?

韓国語の話せる医師はいますか。
캉꼬꾸고노 하나세루 이시와 이마스까

### ✈ 몸에 이상이 있을 때

□ **몸이 안 좋습니다.**
I don't feel well.
具合が悪いんです。
구아이가 와루인데스

□ **아이 상태가 이상합니다.**
Something's wrong with my child.
子供の様子が変なんです。
고도모노 요-스가 헨난데스

□ **현기증이 납니다.**
I feel dizzy.
目眩がします。
메마이가 시마스

□ **몸이 나른합니다.**
I feel weak.
体がだるいです。
가라다가 다루이데스

□ **식욕이 없습니다.**
I don't have an appetite.
食欲がないんです。
쇼꾸요꾸가 나인데스

□ **밤에 잠이 안 옵니다.**
I can't sleep at night.
夜眠れません。
요루 네무레마셍

## ✈ 증상을 설명할 때

❏ 감기에 걸렸습니다.
I have a cold.

風邪を引きました。
카제오 히끼마시다

❏ 감기에 걸린 것 같습니다.
I think I have a cold.

風邪を引いたようです。
카제오 히이따 요-데스

❏ 설사가 심합니다.
I have bad diarrhea.

下痢がひどいのです。
게리가 히도이노데스

❏ 열이 있습니다.
I have a fever.

熱があるのです。
네쯔가 아루노데스

❏ 이건 한국 의사가 쓴 것입니다.
This is from my doctor in Korea.

これは韓国の医者が書いたものです。
고레와 캉꼬꾸노 이샤가 가이따 모노데스

❏ 여기가 아픕니다.
I have a pain here.

ここが痛いのです。
고꼬가 이따이노데스

□ 잠이 오지 않습니다.
I can't sleep.

眠れないのです。
네무레나이노데스

□ 구토를 합니다.
I feel nauseous.

吐き気がします。
하끼께가 시마스

□ 변비가 있습니다.
I am constipated.

便秘をしています。
벰삐오 시떼 이마스

□ 기침이 납니다.
I have a cough.

せきが出ます。
세끼가 데마스

□ 어제부터입니다.
Since yesterday.

昨日からなんです。
기노-까라난데스

□ 다쳤습니다.
I've injured myself.

怪我をしました。
게가오 시마시다

### ✈ 진료를 마치면서

□ 많이 좋아졌습니다.
I feel much better now.

だいぶ良くなりました。

다이부 요꾸 나리마시다

□ 진단서를 써 주시겠어요?
Would you give me a medical certificate?

診断書を書いてください。

신단쇼오 가이떼 구다사이

□ 예정대로 여행을 해도 괜찮겠습니까?
Can I travel as scheduled?

予定どおりに旅行してもかまわないですか。

요떼- 도-리니 료꼬-시떼모 가마와나이데스까

□ 며칠 정도 안정이 필요합니까?
How long do I have to stay in bed?

何日くらい安静が必要ですか。

난니찌 쿠라이 안세-가 히쯔요-데스까

□ (약국에서) 이 처방전 약을 주세요.
Fill this prescription, please.

この処方せんの薬をください。

고노 쇼호-센노 구스리오 구다사이

□ 이 약은 어떻게 먹습니까?
How do I take this medicine?

この薬はどうやって飲むのですか。

고노 구스리와 도-얏떼 노무노데스까

**몸이 아플 때**

**트러블**

323

# MEMO

PART ⑩

# 귀국

예약변경·예약 재확인

탑승과 출국

Travel Information

# 귀국에 관한 정보

### ✈ 짐 정리

출발하기 전에 맡길 짐과 기내로 갖고 들어갈 짐을 나누어 꾸리고 토산품과 구입한 물건의 품명과 금액 등에 대한 목록을 만들어 두면 좋다.

### ✈ 예약 재확인

귀국한 날이 정해지면 미리 좌석을 예약해 두어야 한다. 또 예약을 해 두었을 경우에는 출발 예정 시간의 72시간 이전에 예약 재확인을 해야 한다. 이것은 항공사의 사무소나 공항 카운터에 가든지 아니면 전화로 이름, 연락 전화번호, 편명, 행선지를 말하면 된다. 재확인을 안 하면 예약이 취소되는 경우도 있으므로 주의해야 한다.

### ✈ 일본에서의 출국수속 절차

귀국 당일은 출발 2시간 전까지 공항에 미리 나가서 체크인을 마쳐야 한다. 출국절차는 매우 간단하다. 터미널 항공사 카운터에 가서 여권, 항공권, 출입국카드(입국시 여권에 붙여 놓았던 것)를 제시하면 직원이 출국카드를 떼어 내고 비행기의 탑승권을 준다. 동시에 화물편으로 맡길 짐도 체크인하면 화물 인환증을 함께 주므로 잘 보관해야 한다. 항공권에 공항세가 포함되지 않았을 경우에는 출국 공항세를 지불해야 하는 곳도 있다. 그 뒤는 보안검사, 수화물 X선 검사를 받고 탑승권에 지정되어 있는 탑승구로 가면 된다. 면세품을 사려면 출발 로비의 면세점에서 탑승권을 제시하고 사면 된다.

## ✈ 공항시설 이용료

나리타나 간사이국제공항으로 출국하는 모든 국제여객선은 나리타 2,000엔, 간사이 2,600엔의 공항시설 이용료를 내야 한다. (만 2~11세 어린이는 나리타 1,000엔, 간사이 1,300엔) 반드시 자국 화폐로 환전하기 전에 엔화로 지불해야 한다. 당일 비행기를 갈아타는 경우 탑승객은 공항시설 이용료를 내지 않아도 된다. 만 1세 이하의 유아는 면제된다.

## ✈ 귀국시 면세허용

◇ 면세통로
  해외나 국내 면세점에서 구입하여 반입하는 물품 총액이 30만원 이하
  주류 1병(1리터 이하), 담배 1보루(200개비) ; 단 20세 미만은 제외,
  향수 2온스 이하

◇ 자진신고 검사대
  면세통과 해당 이외의 물품을 소지한 자
  통관불허 품목
  휴대폰, 휴대용 송수신기, 일제 비디오카메라, 일제 디코더(암호해독기), 마약, 위폐, 풍속을 해치는 서적이나 음반 등

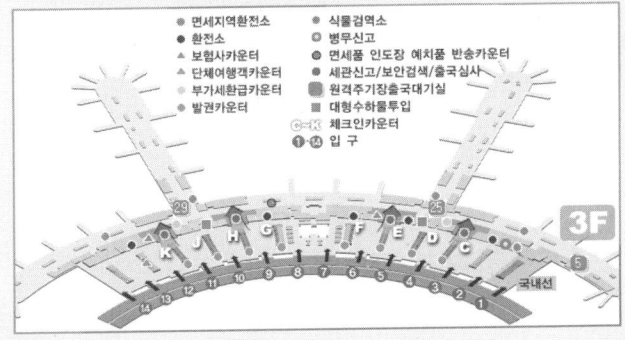

# UNIT 01

## Travel Japanese

# 예약변경·예약재확인

귀국하는 날짜가 다가오면 비행기 예약을 합니다. 한국에서 떠날 때 예약해둔 경우에는 미리 전화나 시내의 항공회사 영업소에서 반드시 예약 재확인(reconfirm)을 해두어야 합니다. 공항에는 여유를 가지고 출발 2시간 전에 도착하는 것이 좋습니다.

[
_____ 편으로 변경하고 싶은데요.
I'd like to change it to _____ flight.

_____ の便に変更したいのですが。

노 빈니 헹꼬-시따이노데스가
]

- 오전　　morning　　**午前**　　고젱
- 오후　　afternoon　　**午後**　　고고
- 내일　　tomorrow　　**明日**　　아시따
- 10월 9일　October 9th　**十月九日**　쥬-가쯔 고꼬노까

Q: 예약 재확인을 부탁합니다.
I would like to make a reconfirmation for my flight.

**予約の再確認をお願いします。**

요야꾸노 사이카꾸닝오 오네가이시마스

A: 항공권은 가지고 계십니까?
Do you have a ticket?

**航空券はお持ちですか。**

고-꾸껭와 오모찌데스까

## ➜ 귀국편 예약

☐ 여보세요. 일본항공입니까?
Hello. Is this Japan Airlines?

もしもし。日本航空ですか。

모시모시 니홍코-꾸-데스까

☐ 인천행을 예약하고 싶은데요.
I'd like to reserve a seat for Incheon?

インチョン行きを予約したいのですが。

인천 유끼오 요야꾸시따이노데스가

☐ 내일 비행기는 예약이 됩니까?
Can you book us on tomorrow's flight?

明日の便の予約はできますか。

아시따노 빈노 요야꾸 데끼마스까

☐ 다른 비행기는 없습니까?
Do you have any other flights?

別の便はありますか。

베쓰노 빙와 아리마스까

☐ 편명과 출발 시간을 알려 주십시오.
What is the flight number and departure time?

便名と出発の時間を教えてください。

빔메-또 슙빠쯔노 지깡오 오시에떼 구다사이

☐ 몇 시까지 탑승수속을 하면 됩니까?
By what time should we check in?

何時までに搭乗手続きをすればいいですか。

난지마데니 토-죠-테쓰즈끼오 스레바 이-데스까

예약변경·예약재확인

귀국

### ✈ 예약 재확인

□ **예약을 재확인하고 싶은데요.**
I'd like to reconfirm my flight.

リコンファームをしたいのですが。
리콩화―무오 시따이노데스가

□ **성함과 편명을 말씀하십시오.**
Your name and flight number, please.

お名前と便名をどうぞ。
오나마에또 빔메-오 도-조

□ **무슨 편 몇 시발입니까?**
What's the flight number and the departure time?

何便で何時発ですか。
나니빈데 난지하쯔데스까

□ **저는 분명히 예약했습니다.**
I definitely made a reservation.

私は確かに予約しました。
와따시와 타시까니 요야꾸시마시다

□ **한국에서 예약했는데요.**
I reserved my flight in Korea.

韓国で予約したのですが。
캉꼬꾸데 요야꾸시따노데스가

□ **즉시 확인해 주십시오.**
Please check on it right away.

至急、調べてください。
시뀨―, 시라베떼 구다사이

## ✈ 예약의 변경과 취소를 할 때

❑ 비행편을 변경할 수 있습니까?
Can I change my flight?

便の変更をお願いできますか。
빈노 헹꼬-오 오네가이 데끼마스까

❑ 어떻게 변경하고 싶습니까?
How do you want to change your flight?

どのようにご変更なさいますか。
도노 요-니 고헹꼬- 나사이마스까

❑ 10월 9일로 변경하고 싶습니다.
I'd like to change it to October 9th(ninth).

10月9日に変更したいのです。
쥬-가쯔 고꼬노까니 헹꼬-시따이노데스

❑ 예약을 취소하고 싶은데요.
I'd like to cancel my reservation.

予約を取り消したいのですが。
요야꾸오 도리께시따이노데스가

❑ 다른 항공사 비행기를 확인해 주세요.
Please check other airlines.

他の会社の便を調べてください。
호까노 카이샤노 빙오 시라베떼 구다사이

❑ 해약 대기로 부탁할 수 있습니까?
Can you put me on the waiting list?

キャンセル待ちでお願いできますか。
캰세루마찌데 오네가이 데끼마스까

예약변경 · 예약재확인 | 귀국

# UNIT 02

## Travel Japanese

# 탑승과 출국

공항에서는 2시간 전에 체크인하는 것이 바람직합니다. 만일에 문제가 발생했더라도 여유를 가지고 대처할 수 있습니다. 또한 짐이 늘어난 경우에는 초과요금을 지불해야 합니다. 가능하면 초과되지 않는 범위 내에서 짐을 기내로 가지고 가도록 하며, 시간적 여유가 있을 때 사지 못한 선물이 있다면 면세점에서 구입하면 됩니다.

---

(공항에서) _____ 어디입니까?

Where is the _____ ?

_____ どこですか。

도꼬데스까

---

- 대한항공 카운터  Korean Airline counter  大韓航空カウンター  다이깡코-꾸-카운따-
- 아시아나항공 카운터  Asiana Airline counter  アシアナ航空カウンター  아시아나코-꾸-카운따-
- 출발로비  departure lobby  出発ロビー  슙빠쯔로비-
- 탑승구  boarding gate  搭乗ゲート  토-죠-게-또

---

**Q : 탑승권을 보여 주십시오.**

May I have your ticket?

とうじょうけん はいけん
**搭乗券を拝見します。**

토-죠-껭오 하이껜시마스.

**A : 네, 여기 있습니다.**

Yes, here it is.

**はい、どうぞ。**

하이, 도-조.

## ✈ 탑승수속을 할 때

□ 탑승수속은 어디서 합니까?
　Where do I check in?

搭乗手続きはどこでするのですか。
토-죠-테쓰즈끼와 도꼬데 스루노데스까

□ 일본항공 카운터는 어디입니까?
　Where's the Japan Airlines counter?

日本航空のカウンターはどこですか。
니홍코-꾸-노 카운따-와 도꼬데스까

□ 공항세는 있습니까?
　Is there an airport tax?

空港税はありますか。
쿠-꼬-제-와 아리마스까

□ 앞쪽 자리가 좋겠는데요.
　I'd prefer a seat at the front of the plane.

前方の席がいいですが。
젬뽀-노 세끼가 이-데스가

□ 통로쪽(창쪽)으로 부탁합니다.
　An aisle(A window) seat, please.

通路側(窓側)の席をお願いします。
쓰-로가와(마도가와)노 세끼오 오네가이시마스

□ 친구와 같은 좌석으로 주세요.
　I'd like to sit with my friend.

友人と隣り合わせの席にしてください。
유-진또 도나리아와세노 세끼니 시떼 구다사이

## ✈ 수화물을 체크할 때

□ **맡기실 짐은 있으십니까?**
Any baggage to check?

お預けになる荷物はありますか。

오아즈께니나루 니모쯔와 아리마스까

□ **맡길 짐은 없습니다.**
I have no baggage to check.

預ける荷物はありません。

아즈께루 니모쯔와 아리마셍

□ **그 가방은 맡기시겠습니까?**
Are you going to check that bag?

そのバッグはお預けになりますか。

소노 박구와 오아즈께니 나리마스까

□ **이 가방은 기내로 가지고 들어갑니다.**
This is a carry-on bag.

このバッグは機内に持ち込みます。

고노 박구와 기나이니 모찌꼬미마스

□ **다른 맡기실 짐은 없습니까?**
Do you have any other baggage to check?

お預かりする荷物は他にございますか。

오아즈까리스루 니모쯔와 호까니 고자이마스까

□ **(짐은) 그것뿐입니다.**
That's all the baggage I have.

それだけです。

소레다께데스

## ✈ 탑승안내

☐ (탑승권을 보이며) 게이트는 몇 번입니까?
What gate is it?

ゲートは何番ですか。
게-또와 남반데스까

☐ 3번 게이트는 어느 쪽입니까?
Which way is Gate 3(three)?

3番ゲートはどちらでしょうか。
삼반게-또와 도찌라데쇼-까

☐ 인천행 탑승 게이트는 여기입니까?
Is this the gate for Incheon?

インチョン行きの搭乗ゲートはここですか。
인천유끼노 토-죠-게-또와 고꼬데스까

☐ 왜 출발이 늦는 겁니까?
Why is the flight delayed?

なぜ出発が遅れているのですか。
나제 슙빠쯔가 오꾸레떼 이루노데스까

☐ 탑승은 시작되었습니까?
Has boarding started yet?

搭乗はもう始まりましたか。
토-죠-와 모- 하지마리마시다까

☐ 방금 인천행 비행기를 놓쳤는데요.
We just missed the flight to Incheon.

たった今、インチョン行きの便に乗り遅れたのですが。
닷따이마, 인천 유끼노 빈니 노리오꾸레따노데스가

탑승과 출국 귀국

## ✳ 여행자 필수메모

**성 명**
Name

**생년월일**
Date of Birth

**국 적**
Nationality

**호 텔**
Hotel

**여권번호**
Passport No.

**비자번호**
Visa No.

**항공기편명**
Flight Name

**항공권번호**
Air Ticket No.

**신용카드번호**
Credit Card No.

**여행자수표번호**
Traveler's Check No.

**출발지**
Departed from

**목적지**
Destination